PIERLUIGI ROMEO DI COLLOREDO MELS - LUCA STEFANO CRISTINI

ROMA CONTRO ROMA
L'anno dei Quattro Imperatori e le due battaglie di *Bedriacum*

ROME VERSUS ROME AND THE TWO BATTLES OF BEDRIACUM 69 A.C.

BATTLEFIELD 014

AUTORE - AUTHOR:

Pierluigi Romeo di Colloredo Mels è nato a Roma nel 1966. Laureato e specializzato in archeologia all'Università di Roma "la Sapienza" ha ottenuto il dottorato di ricerca a Venezia "Ca' Foscari".
È direttore tecnico di scavo e in tale veste collabora con la Soprintendenza Archeologica per il Lazio per conto della quale ha diretto numerose campagne di scavo. A fianco della sua professione è uno dei più accreditati storici militari italiani, autore di numerose monografie considerate le più approfondite sugli argomenti trattati per la meticolosità delle ricerche effettuate, l'obbiettività nei giudizi e la brillantezza dell'esposizione. Da questi due aspetti convergenti nasce il presente lavoro, che alle conoscenze storico-militari unisce la conoscenza del mondo romano dell'archeologo da campo, in modo da offrire un quadro il più completo possibile degli eventi del fatidico anno dei Quattro Imperatori.

NOTE AI LETTORI - PUBLISHING NOTE

Tutto il contenuto dei nostri libri, in qualsiasi forma prodotti (cartacei, elettronici o altro) è copyright Soldiershop.com. I diritti di traduzione, riproduzione, memorizzazione con qualsiasi mezzo, digitale, fotografico, fotocopie ecc. sono riservati per tutti i Paesi. Nessuna delle immagini presenti nei nostri libri può essere riprodotta senza il permesso scritto di Soldiershop.com. L'Editore rimane a disposizione degli eventuali aventi diritto per tutte le fonti iconografiche dubbie o non identificate. I marchi Soldiershop Publishing ©, e i nomi delle nostre collane - Soldiers&Weapons, Battlefield e War in Colour sono di proprietà di Soldiershop.com; di conseguenza qualsiasi uso esterno non è consentito.

None of images or text of our book may be reproduced in any format without the expressed written permission of Soldiershop.com. The publisher remains to disposition of the possible having right for all the doubtful sources images or not identifies. Our trademark: Soldiershop Publishing ©, The names of our series: Soldiers&Weapons, Battlefield, War in colour, PaperSoldiers, Soldiershop e-book etc. are herein © by Soldiershop.com.

BATTLEFIELD

BattleField, è la collana che analizza i campi di battaglia dal punto di vista "oggi e allora" Offrendo prospettive inedite ed interessanti per lo studio degli scontri principali della storia attraverso armi, uniformi e mappe storiche di eserciti e soldati impegnate nelle più famose campagne militari. La collana è definita da una linea di colore rosso sulla copertina.

RINGRAZIAMENTI

Un ringraziamento speciale va a Cesare Rusalen del gruppo di Reenactor Legio Ia Italica a Gioacchino Sparrone e a tutti i figuranti presenti le cui immagini sono in parte servite da base per la realizzazione delle nostre tavole illustrate.

ISBN: 9788893272476   Prima edizione: Maggio 2017

Title: Battlefield 014 - **ROMA CONTRO ROMA- L'anno dei Quattro Imperatori e le due battaglie di *Bedriacum***
Di Pierluigi Romeo di Colloredo Mels. Tavole di Luca S. Cristini. Editor: Soldiershop publishing. Cover & Art Design: Luca S. Cristini.

In copertina : Legionari e cavalieri si accingono ad entrare in battaglia.

PREMESSA

"Commilitone, prendi e mangia, non ti do una spada, ma pane. Prendi e bevi, non ti do uno scudo, ma una coppa. Così, se tu mi ucciderai, o io ucciderò te, lasceremo la vita sazi, e la mano che colpirà non sarà debole e senza nerbo, che sia tu a colpirmi, o io a colpire te. Queste sono le offerte di cibo che Vitellio e Vespasiano ci offrono mentre siamo ancora vivi, in attesa che ci possano offrire un' offerta funebre quando ci saremo scannati".

(Dione Cassio, *Historia Romana*, LXIV, 13).

Gli eventi che ebbero luogo nella primavera e nell'autunno del 69 d.C. presso Cremona culminando nelle due battaglie di *Bedriacum*, nelle quali e nello stesso luogo vennero decise le sorti dell'impero di Roma, segnano i due momenti più importanti dell'Anno dei Quattro Imperatori, iniziato con il sollevamento delle legioni ispaniche contro Nerone, il suicidio di questi, l'elezione da parte dei vari eserciti dislocati sulle frontiere dell'impero romano di Galba, di Otone, di Vitellio e di Vespasiano e la feroce lotta civile che ne seguì, e terminato, sul campo di battaglia di *Bedriacum* e tra le rovine fumanti di Cremona, con il sorgere dell'astro di Tito Flavio Vespasiano e della dinastia flavia, aprendo, da un feroce bagno di sangue, uno dei periodi più floridi della storia romana, che avrebbe garantito un lungo periodo di pace e di sviluppo economico, durato sino alla morte di Commodo nel 192[1], e che avrebbe visto l'impero raggiungere il massimo sviluppo sotto imperatori quali Traiano ed Adriano.

Per quanto spesso citata, sino al 2015 quando uscì la prima versione del presente lavoro[2], mancava una sintesi sulle due battaglie di *Bedriacum*[3] e sull'assedio di Cremona da parte delle truppe flaviane: gli eventi del 69 restano poco noti, e vengono spesso trascurati[4]; eppure, i motivi di interesse storico sono molteplici[5].

Innanzi tutto, l'importanza delle conseguenze, con l'ascesa al trono di Tito Flavio Vespasiano; l'abbondanza di dati nella narrazione di Tacito e Dione Cassio e negli accenni di Giuseppe Flavio, che permettono di farsi un'idea molto vivace degli avvenimenti.

L'importanza militare soprattutto della seconda battaglia poi è notevolissima: da una parte le legioni

---

[1] La morte violenta di Domiziano in una congiura di palazzo appoggiata dal Senato (96) non ebbe ripercussioni al di fuori di Roma, seguita immediatamente come fu dall'elezione di Cocceio Nerva.

[2] P. Romeo di Colloredo, *Il trionfo di Vespasiano. Cremona 24 ottobre 69 d.C.*, Edizioni Chillemi, Roma 2015.

[3] Nelle pubblicazioni in lingua inglese le due battaglie di *Bedriacum* sono spesse chiamate *first* e *second battle of Cremona*. Altri autori, come ad es. S. Dando-Collins nel suo *Legions of Rome. The definitive History of Every Imperial Roman Legion*, London 2010, chiamano battaglia di *Bedriacum* la battaglia del 14 aprile tra Otone e Vitellio e battaglia di Cremona quella del 24 ottobre tra Vitellio e Vespasiano (Dando Collins a volte distingue tra la seconda battaglia di *Bedriacum* e quella di Cremona, altre volte le confonde, p.e. a p.77).

[4] Nel lavoro divulgativo di Andrea Frediani, *Le grandi battaglie di Roma antica. Dalle guerre sannitiche alle invasioni barbariche, i combattimenti e gli scontri che hanno avuto per protagonista la Città eterna*, Roma 2002 non c'è una singola menzione delle due battaglie di *Bedriacum* o dell'assedio di Cremona. Nel recente lavoro di Nick Fields, *AD69: Emperors, Armies and Anarchy*, London 2014, ci sono numerose imprecisioni circa l'ordine di battaglia della seconda battaglia di *Bedriacum*, in contrasto con i dati fornitici da Tacito sulle legioni e le *vexillationes* presenti, e sulla ricostruzione dei luoghi: Fields, ad esempio, colloca, a dispetto dei sdati archeologici, il *castrum* vitelliano di Cremona presso l'odierno stadio comunale e non sotto l'odierna Piazza della Libertà, dove ancor oggi si congiungono le vie *Postumia* e *Brixiana* (attuali via Mantova e via Brescia) e dove vennero trovate nel XIX secolo tracce dell'accampamento e i resti di uno *scorpio* utilizzato nel 69 d.C.

[5] Fa eccezione il lavoro di Ugo Gualazzini, *La seconda battaglia betriacense e la distruzione di Cremona (autunno 69 d. C.)*, pubblicato a Cremona nel 1972 e di difficile reperibilità.

del *limes*[6] renano, dall'altra quelle del Danubio, appoggiate da un gran numero di ausiliari e da cinque coorti pretorie: un numero di uomini imponente, 45.000 circa dalla parte di Vespasiano, e probabilmente oltre 50.000, di cui 34.500 legionari, dalla parte di Vitellio (si pensi, per fare un confronto, che a Zama Scipione comandava circa 35.000 uomini- inclusi i numidi di Masinissa- contro i 39.000 di Annibale, e a Farsalo Cesare schierò 22.000 fanti e 1.000 cavalieri contro i 45.000 di Pompeo[7]; a Cremona Vitellio perse 30.200 uomini, poco meno del doppio dei caduti romani nella peggiore sconfitta romana d'età imperiale, la battaglia di Teutoburgo, dove Varo perse 18.000 legionari[8]), le migliori truppe romane dell'epoca, le più agguerrite e le meglio addestrate, tanto che i legionari vitelliani, pur privi di un comandante in capo, nella confusione della mischia, riuscirono a raggrupparsi spontaneamente in formazioni regolari ed a schierare in linea le legioni e le *vexillationes*[9].

Alla battaglia seguì l'assedio, con l'utilizzo da parte delle due parti di un gran numero di macchine d'assedio, *ballistae* e scorpioni, attacchi con formazioni a *testudo*, mischie feroci nella città, la prima colonia fondata dai romani oltre il Po, nel 218 a.C., l'anno dell'invasione di Annibale, e la sua distruzione, le cui tracce archeologiche sono state individuate durante gli scavi nel centro della città.

E non si deve dimenticare che nello stesso luogo qualche mese prima, il 14 aprile, si era svolta una prima, feroce battaglia, che aveva suggellato le sorti di Otone e dell'impero.

Non abbiamo trattato dell'organizzazione e dell'armamento delle legioni, argomento che meriterebbe ben altro spazio di quello a nostra disposizione: del resto sono disponibili numerosi lavori, anche in italiano, su quest'argomento[10], ciò che ci permette di non occuparcene: le indicazioni date nella bibliografia potranno avviare il lettore ad un approfondimento della tematica.

Nel descrivere gli eventi seguiremo la narrazione di Tacito, il cui testo è riportato integralmente in appendice, integrandolo con i dati archeologici e con quanto scritto da Dione Cassio e Giuseppe Flavio.

Ne viene fuori il quadro di una battaglia allo stesso tempo tipica ed atipica, tipica nello svolgimento, con pattuglie di esploratori a cavallo mandate in avanscoperta, piccole schermaglie che si estendono sempre più sino a diventare generali, per l'*adlocutio* del comandante flaviano M. Antonio Primo, per lo scontro frontale; atipica per la mancanza di un vero comandante in capo per i Vitelliani, per la ferocia dello scontro notturno- e una battaglia notturna di tali dimensioni costituisce un *unicum* non solo nella storia romana, ma in quella del mondo antico- per l'abilità dimostrata da entrambe le parti: come scrive Tacito, *romanae utrimque artes*, entrambe le parti combattevano da romani[11].

---

6   Per la traduzione dei termini latini si veda il glossario in appendice.

7   Ma oltre metà dei Pompeiani non era presente sul campo di battaglia, essendo impegnata in compiti di guarnigione. Probabilmente alla battaglia erano presenti solo 22.000 uomini: cfr. C. McNab, *The Roman Army*, Oxford 2010 (tr.it. Gorizia 2011, p.165).

8   Più del doppio se si contano anche i civili uccisi nel sacco di Cremona: Dione Cassio (*Hist. Rom.*, LXIV, 13) parla di un totale di 50.000 morti.

9   A titolo di comparazione, alla conquista della Britannia da parte di Claudio (43- 44 dC) presero parte, escludendo le truppe ausiliarie, quattro legioni (II *Augusta*, IX *Hispana*, XIV *Gemina*, XX *Valeria Victrix*), ed alle guerre daciche di Traiano, le maggiori campagne della Roma imperiale, nove (I *Italica*, I *Flavia Minerva Pia Fidelis*, IV *Flavia Fidelis*, IV *Scythica*, V *Macedonica*, VI *Ferrata Fidelis Constans*, VII *Claudia Pia Fidelis*, X *Gemina*, XIII *Gemina Fidelis*) rispetto alle dieci legioni presenti a *Bedriacum* e Cremona (escludendo oltretutto dal computo le *vexillationes* e gli *auxilia* presenti alla battaglia dell'ottobre del 69).

10   Per fare un solo esempio, il lavoro in quattro volumi di Giuseppe Cascarino sull'organizzazione militare romana e sull'armamento dall'età arcaica all'età giustinianea dedica il secondo volume al periodo alto imperiale: G. Cascarino, *L'esercito romano. Armamento e organizzazione*, II, *Da Augusto ai Severi*, Rimini 2010 (molto ricco di dati, anche se tralascia totalmente le coorti pretorie, quelle urbane e gli *equites singulares augusti*)..Fondamentale,ad un livello più accademico e meno divulgativo, rimane il classico lavoro di Yann Le Bohec, *L'armée romaine sous l'Haute-Empire*, Paris 1989, tradotto in italiano con il titolo *L'esercito romano. Le imperiali da Augusto alla fine del terzo secolo*, Roma 1992.

11   Tacito, *Historiae*, 3, 26..

Abbiamo fatto seguire alla narrazione degli eventi la storia delle varie legioni coinvolte nella battaglia da entrambe le parti, le biografie di Marco Antonio Primo e di Aulo Cecina Alieno, comandanti in capo dei due eserciti- anche se Cecina era stato arrestato dai suoi uomini alla vigilia della battaglia per aver tentato di defezionare dal campo di Vitellio a quello di Vespasiano, e quindi non prese parte alla battaglia- e dei tre imperatori in lotta, Otone, Vitello e Vespasiano, una breve cronologia ed una bibliografia che, lungi dall'essere completa, data la quantità delle opere pubblicate sui vari aspetti dell'argomento, possa però servire da punto di partenza per approfondire i temi qui trattati e quelli solamente accennati. Infine, abbiamo ritenuto necessario riportare integralmente i brani di Tacito, Dione Cassio e Giuseppe Flavio che descrivono la seconda battaglia di *Bedriacum* e il saccheggio di Cremona, e che costituiscono la fonte primaria per la conoscenza degli eventi del 69.

Infine, sarebbe auspicabile una campagna di scavi nella zona dove la battaglia raggiunse la massima intensità, ovvero a circa un chilometro dal paese di Longardore, presso le località di Cascina Strada e Ca' dei Morozzi, analogamente a quanto fatto in Germania presso Kalkriese, sui luoghi della *clades variana*, la battaglia di Teutoburgo del 9 d.C., i cui risultati dal punto di vita archeologico e storico hanno ampiamente ripagato gli sforzi[12].

Gli scavi hanno portato alla creazione di un parco archeologico di grande interesse, e che costituisce anche un polo turistico, che da museo a cielo aperto nato negli anni '90 si è trasformato in un complesso musealeintegrato con il Varusschlacht- Museum di Osnabrück e l'Hermannsweg, il sentiero di Arminio, che consente di compiere escursioni sui luoghi degli avvenimenti del 9.

Un possibile legame tra le due battaglie: Quintilio Varo era nato a Cremona nel 46 a.C., e aveva sposato Vipsania Marcella, figlia di Marco Agrippa, genero e generale di Augusto, vincitore della battaglia di Azio e costruttore del Pantheon e delle omonime terme. Nel sacco del 69 venne distrutta la grande Domus del Ninfeo (nell'odierna piazza Marconi a Cremona) appartenente ad una famiglia di altissimo rango, con pitture direttamente ispirate da quelle dello studio di Augusto sul Palatino, e che mostrano un legame strettissimo tra la famiglia proprietaria e Ottaviano Augusto; sono state ritrovate anche finissime suppellettili di stile egizio in porfido imperiale proveniente dalle cave del Gebel Dukhan, utilizzate dai Tolomei, e legate alla figura dei sovrani lagidi prima, e, dal I secolo, con Caligola, dell'imperatore. La cronologia porta a datare i frammenti porfiretici cremonesi al I secolo a.C., e se ne può ipotizzare la provenienza dall'Egitto tolemaico. Se si tengono a mente i legami tra Agrippa, che conquistò l'Egitto per Ottaviano nel 33 a.C., Quintilio Varo e Ottaviano Augusto, non è peregrino avanzare a titolo di pura ipotesi la possibilità che la Domus del Ninfeo sia appartenuta allo sfortunato generale caduto a Teutoburgo.

Una campagna di scavi sui luoghi della battaglia di *Bedriacum*, oltre a far luce sullo svolgimento degli scontri ed ad aumentare le nostre conoscenze sugli eserciti romani del I secolo, porterebbe sicuramente a risultati ancora più notevoli di quelli tedeschi, sviluppando anche il settore del turismo in un'area di grande interesse anche naturalistico.

Pierluigi Romeo di Colloredo Mels.

---

12   J. A.S. Clunn, *In Search of the Lost Legions: The Varusschlacht*, London 1999; M. McNally, *Teutoburg Forest 9 AD. The Destruction of Varus and his Legions*, Oxford 2011 (trad.it. Gorizia 2012).

INDICE:

Premessa .... Pag. 3
Bedriacum e Cremona: i luoghi della battaglia ..... Pag. 7
Dramatis Personae: i comandanti e gli imperatori........ Pag. 11
Le Legioni .... Pag. 21
Dalla morte di Nerone alla prima battaglia di Bedriacum.... Pag. 39
Le legioni di Vespasiano invadono l'Italia .... Pag. 49
La seconda battaglia di Bedriacum .... Pag. 53
Assedio e caduta di Cremona .... Pag. 67
Appendice - testi degli autori antichi .... pag. 75
Cronologia .... Pag. 83
Glossario .... Pag. 84
Bibliografia .... Pag. 86

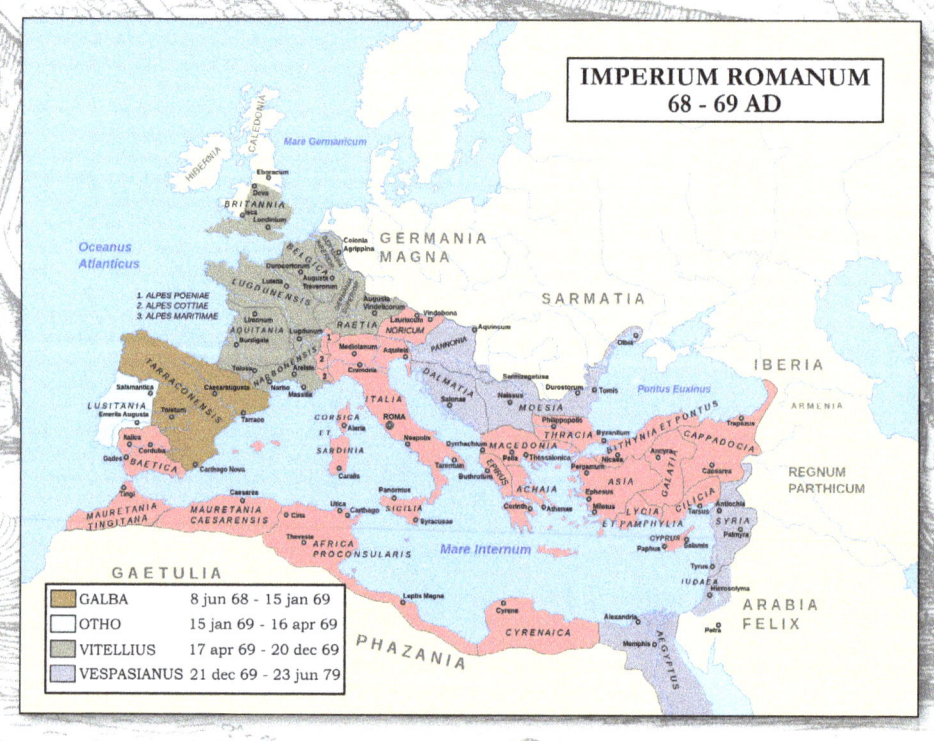

BEDRIACUM E CREMONA I LUOGHI DELLA BATTAGLIA

Due battaglie si svolsero nel 69 d. C., tra *Bedriacum* e Cremona: l'una fra gli eserciti di Otone e Vitellio, l'altra fra quelli di Vitellio stesso e di Vespasiano. La prima diede a Vitellio l'impero, la seconda glielo ritolse (aprile-ottobre). Si comprende come due battaglie di tale importanza, capaci di decidere le sorti dell'impero romano e di due suoi imperatori, abbiano potuto avvenire a breve distanza di tempo nel medesimo luogo per l'importanza che Cremona e *Bedriacum* avevano nella difesa della linea del Po e quindi dell'Italia contro invasioni dal Settentrione o dall'Oriente.

Raramente è dato di vedere la Storia segnare per due volte lo stesso luogo con due battaglie entrambe decisive, e senza che nei secoli successivi vi accadesse nulla di notevole, come capitò con *Bedriacum*.

L'abitato di *Bedriacum* sorgeva nei pressi dell'attuale comune di Calvatone, a 35 km da Cremona. Il *vicus* romano di *Bedriacum* (o *Betriacum*), identificato da scavi effettuati dall'Università degli Studi di Milano, era posto sulla riva destra dell'Oglio a presidio di un passaggio fluviale. Parte degli oggetti recuperati nell'antico centro sono visibili presso il Museo *Platina* nel comune di Piadena[1].

E' stata avanzata l'ipotesi che il toponimo *Bedriacum* o *Betriacum* possa essere di origine gallica, per la presenza del suffisso *acum - agum - aga*, legato a luoghi siti vicino alle acque, come nel caso in questione. Nel V secolo a.C. vi sorse un insediamento dei galli Cenomani.

Nel III secolo a.C. *Bedriacum* divenne un *vicus* romano, capace di garantire un avamposto decisamente favorevole sia per il commercio che strategicamente, vista la presenza di diverse vie di comunicazione nei paraggi, quali fiumi (Oglio, Chiese, Adda, Po) e strade, come la Via Emilia e la Via Postumia, congiunte dalla *via Bedriacensis* che partiva, appunto, dal *vicus*.

Il terreno che fu teatro delle due battaglie era all'epoca molto più vario di quanto non sia oggi, attraversato dalla via Postumia, che correva lungo un argine sopraelevato per evitare gli allagamenti

---

1 Sugli scavi di *Bedriacum*, http://users2.unimi.it/calvbedr/

▲ Gli scavi dell'antica Bedriacum, attuale Calvatone in provincia di Cremona (università di Milano)

◄ Mappa dell'impero romano nel 68-69 d.C.

legati alle piene dell'Oglio che tendevano a impaludare i campi, formando acquitrini e pantani, e attraversato da fossati per il drenaggio, da terreni coltivati a vite (che furono teatro di mischie feroci nella prima battaglia e che nella seconda ostacolarono il ripiegamento iniziale della cavalleria flaviana) e da boschi, molto più numerosi di oggi.

Che le due battaglie si siano svolte nello stesso luogo è indubbio, malgrado alcune interpretazioni moderne che tendono a collocare la prima molto vicina a Cremona: ma le fonti antiche non lasciano dubbi in proposito: Dione Cassio (LXIV,12) che riprende fonti coeve oggi perdute, come Plinio il Vecchio, comandante in seconda dei flaviani, e il tribuno V. Messalla, scrive che la seconda battaglia fu combattuta tra i resti insepolti dei caduti dello scontro di aprile tra otoniani e vitelliani, e che i legionari venivano spronati dalla memoria stessa dei luoghi, frasi che non avrebbero altrimenti senso. La prima fase della seconda battaglia combattuta ad ottobre ebbe luogo dove oggi è la Riserva regionale Le Bine, verso l'oglio, presso l'attuale ponte della ferrovia Milano Mantova, per poi spostarsi verso Cremona, negli stessi luoghi della prima battaglia: come scrive Marco Scandigli, la fase decisiva della seconda *Bedriacum*, la confusa e feroce- battaglia notturna ebbe luogo a circa un chilometro dal paese di Longardore, grossomodo sulla linea delle località di Cascina Strada e Ca' dei Morozzi, con la via Postumia che attraversava il campo di battaglia in direzione grossomodo est- ovest, e a cavallo della quale vennero schierate le legioni al centro di entrambi gli schieramenti. In entrambe le battaglie l'obbiettivo era Cremona, che si trovava a circa 15 miglia romane ad occidente del campo di battaglia, e che controllava il passaggio del Po e quindi la via d'accesso all'Italia peninsulare.

Oggi la linea ferroviaria e un canale indicano la direzione degli scontri verso Cremona, tra campi coltivati interrotti solo da qualche filare d'alberi; ai tempi, probabilmente, il terreno era rotto, con boscaglie, avvallamenti e acquitrini[2]: E fu a Cremona che, dopo l'inseguimento degli sconfitti e la strage compiuta dalla cavalleria di Vespasiano, si svolse la seconda fase delle operazioni, con l'assedio del

---

2 M. Scandigli, *La lancia, il gladio, il cavallo*, Milano 2010, pp. 321- 322.

castrum fortificato dei seguaci di Vitellio, la resa e la distruzione del *municipium*.

Cremona, sorta probabilmente sul luogo di un precedente abitato gallico, venne fondata dai Romani nel 218 come colonia di diritto latino per preparare le basi alla definitiva presa di possesso della Valle Padana e per fronteggiare il pericolo del sopravveniente Annibale, e la sollevazione dei Boi e degli Insubri, alleati di questi. I coloni erano cinquecento latini provenienti dalla Valle dell'Aniene.

E infatti la tempestiva fortificazione di *Placentia* e Cremona fece sì che queste fossero tra le città della regione padana le sole in grado di resistere all'assalto punico e gallico. Publio Scipione, dopo la battaglia della Trebbia (218 a. C.), in cui l'esercito romano era stato sconfitto da Annibale, poté agevolmente farvi svernare le sue legioni. Cremona seppe evitare la sorte di *Placentia*, caduta in mano di Annibale, e dopo pochi mesi di assedio da parte degli Insubri, alleatisi con i cartaginesi, fu liberata per la grande vittoria riportata sui Galli dal pretore Lucio Furio Purpurione nel 200 a. C. Terminato il recupero della Gallia Cisalpina nel 191 a. C., Cremona fu rinforzata con l'invio di nuovi coloni, e cominciò la sua prosperità, accresciuta anche dalla costruzione, ad opera del console Lucio Postumio Albino, della via Postumia, che portava da *Genua* (Genova) ad Aquileia, e che rese Cremona il più importante centro commerciale della Gallia Cisalpina, grazie anche al porto fluviale.

Nel 90 a. C. con la *lex Julia de civitate* Cremona ebbe la piena cittadinanza e divenne municipio iscritto alla tribù *Aniensis*. Il territorio cremonese misurava circa 1000 kmq.

Dopo la morte di Cesare, per aver parteggiato per Bruto prima e per Antonio poi, nel 40 a. C., l'Agro cremonese venne ripartito da Ottaviano fra i suoi veterani, cui vennero distribuite le terre confiscate ai cremonesi, e perciò la città fu di nuovo considerata come colonia.

La pace augustea, e la prosperità che ne derivò fece sì che alla metà del I secolo d.C. Cremona avesse raggiunto una grande prosperità, rispecchiata anche dal rinnovamento urbanistico del *municipium*, prosperità documentata anche archeologicamente dalle ricche *domus* signorili rinvenute nell'area

▲ Calvatone, Le Bine zona iniziale della battagla del 24 ottobre 69
◄ Calvatone (Bedriacum) visto dal campo di battaglia

cittadina, quali la *Domus del Labirinto*, rinvenuta in via Cadolini, e la *Domus del Ninfeo*, ritrovata nel corso dei lavori per la realizzazione del parcheggio sotterraneo di piazza Marconi, che con i loro arredi di lusso e le decorazioni dipinte ben testimoniano la floridezza della Cremona alto imperiale. Una felice situazione che sarebbe bruscamente finita a causa delle guerre civili seguite alla morte di Nerone, nell'anno che venne poi definito *dei quattro imperatori*, quando per due volte in pochi mesi Cremona si trovò nell'occhio del ciclone, per uscirne rasa al suolo e ridotta ad un cumulo di macerie, con i propri cittadini massacrati o fatti schiavi.

▲ Cremona. Scavi della Domus del Ninfeo, piazza Marconi. La ricca Domus venne completamente distrutta durante il saccheggio della città da parte dei soldati di Vespasiano nell'ottobre del 69

▲ Domus del Ninfeo, Cremona. Nello scavo è perfettamente visibile lo strato di combustione causato dall'incendio della città nel sacco del 69.
◀

DRAMATIS PERSONAE
I COMANDANTI - GLI IMPERATORI

I COMANDANTI.

MARCO ANTONIO PRIMO.

Era nato a Tolosa fra il 35 e il 38 d. C.; anzi piuttosto nel 35 che dopo, tenuto conto che nel 61 era già nel Senato, dal quale fu espulso, appunto in quell'anno, per condanna riportata come complice in falso testamento. Le guerre civili che seguirono la morte di Nerone riapersero ad Antonio le porte del Senato. Egli ebbe da Galba il comando della legione VII *Galbiana* dislocata in Pannonia, e i turbinosi avvenimenti del 69 gli diedero occasione di esplicare i suoi talenti militari. Antonio possedeva le qualità più adatte a conquistare l'animo dei soldati: grande audacia, forza fisica, parola facile e demagogica: sapeva saccheggiare e largire; cittadino detestabile, ma valoroso generale. Il suo nemico fu Vitellio. Si diceva che egli dapprima avesse offerti i suoi servizi ad Ottone: non avendo avuto accoglienza, si fece propugnatore della candidatura di Flavio Vespasiano. Nell'adunata dei legati che appoggiavano questa candidatura, che ebbe luogo a *Paetovium*, Antonio sostenne con vigore la necessità di scendere subito in Italia: e si mise rapidamente in marcia, con poche milizie, occupò Padova e poi Verona, che fu il luogo di concentramento di tutte le forze flaviane: due legioni di Pannonia e tre della Mesia. Antonio ne assunse il comando: gli altri legati si misero ai suoi ordini. Le milizie vitelliane, che gli stavano di fronte, erano considerevolmente più forti. Si componevano di otto legioni, ch'erano però comandate da un generale assai più malfido e meno abile e risoluto, Cecina Alieno.

Si combatté disperatamente a *Bedriacum*, ma la vittoria fu di Antonio Cremona fu saccheggiata e arsa. Antonio si mise rapidamente in marcia alla volta di Roma, raccolse una legione proveniente dalla Dalmazia, passò a Fano l'Appennino senza trovare resistenza, e a *Carsulae* fu raggiunto dalle sue legioni ch'egli aveva lasciate addietro. A *Narnia* i presidî vitelliani si arresero, e Antonio ebbe libera la via su Roma. Tuttavia si trattenne a *Otriculum* (Otricoli) a celebrare i saturnali. Poiché intanto a Roma avvennero violenti scontri in conseguenza dei quali andò in fiamme il Campidoglio con il Tempio di Giove, quest'indugio gli fu imputato come colpa: si disse infatti che egli teneva segrete intelligenze con Vitellio, pronto a tradire la causa di Vespasiano. Ma da quanto appare, Antonio, che portava l'infamia del sacco e dell'incendio di Cremona, attendeva invece che Vitellio abbandonasse

▲ Marco Antonio Primo, vincitore della seconda battaglia di Bedriacum e distruttore di Cremona (statua del XVII secolo)

l'impero o i vitelliani rinunziassero alla resistenza, per risparmiare a Roma le conseguenze di un combattimento dentro la città. E quando si avvicinò a Roma, fece ancora un ultimo tentativo per trattenere le sue truppe, provocate dalla pervicacia delle coorti vitelliane. Ma non riuscì. Si combatté per le vie, il Castro Pretorio fu preso d'assalto il 20 dicembre. Ma la popolazione civile non ebbe a soffrirne molto, sebbene le violenze non potessero mancare; e non sembra che i monumenti della città siano stati danneggiati. Antonio saccheggiò le case dei senatori fedeli a Vitellio, ricevette dal Senato le insegne consolari, ma non poté godere a lungo della soddisfazione dei propri successi. Si trovò a fianco Muciano, suo rivale e avversario implacabile, che lo denigrò con l'imperatore, accusandolo di aver fatto mettere a sacco Cremona, accusa del resto confermata apertamente dal secondo in comando di Antonio, Caio Plinio Secondo- poi detto il Vecchio, che divenne comandante della flotta di Capo Miseno, autore della *Naturalis Historia* e di un'opera storica sulla guerra civile oggi perduta, ma citata da Tacito.

Muciano fece sì che Primo non venisse ammesso nel seguito di Domiziano, figlio minore dell'imperatore. Antonio lasciò Roma e si recò presso Vespasiano, a ricordare quanto avesse fatto per lui. Fu accolto cordialmente, ma non come si aspettava. Muciano continuava implacabilmente la sua opera nelle lettere che mandava all'imperatore. Sicché i rapporti tra questo ed Antonio si fecero sempre più freddi, pur conservando le apparenze dell'amicizia. Tutta l'impresa di Antonio si era conclusa in sei mesi, dal luglio al dicembre del 69. Non sembra che abbia poi ricevuti altri comandi militari. Visse oltre i sessant'anni, e fu amico di Marziale. E ancora, verso la fine del I secolo d. C., quando Muciano e Vespasiano erano morti da un pezzo, ebbe caro ricordare le sua gesta e le sue benemerenze.

AULO CECINA ALIENO

Appartenente ad una nobile famiglia etrusca di Volterra (i Ceicna, o Caicna), definita da Marco Tullio Cicerone *amplissimus totius Etruriae nomen*, il più gran nome di tutta l'Etruria[1], e che aveva dato a Roma vari consoli (Aulo Cecina, cui Cicerone dedicò la sua *Pro Caecina*, Aulo Cecina Peto, costretto a suicidarsi insieme alla moglie Arria per aver congiurato contro Claudio, nel 37, Gaio Cecina Largo, anch'egli console con Claudio, nel 42) era figlio di A. Cecina Severo, governatore della Mesia, che domò temporaneamente la rivolta pannonica del 6-7 d. C., legato di Germanico, sedò l'ammutinamento delle legioni della *Germania Inferior* nel 14, durante la campagna contro i Cherusci dell'anno successivo fu accerchiato con le sue quattro legioni da Arminio, ma si disimpegnò valorosamente, Cecina Alieno fu dapprima partigiano di Galba e fu ricompensato con il comando della V legione *Alaudae* nella *Germania Superior*; ma poco tempo dopo fu sorpreso a sottrarre soldi pubblici e l'imperatore ordinò che fosse processato. Cecina, per vendetta, incitò le sue truppe a rivoltarsi e a schierarsi per Vitellio.

Cecina era molto amato dai suoi soldati. La sua presenza personale era dominante: era alto di statura, piacevole nella persona e diritto nell'andatura; possedeva un'abilità considerevole nel parlare e, poiché era ambizioso, usava ogni mezzo per ottenere il favore delle sue truppe.

Dopo aver persuaso i propri soldati ad abbracciare la causa di Vitellio, cominciò, all'inizio del 69, a marciare verso l'Italia alla testa di un esercito di 30.000 uomini, la cui forza principale era costituito dalla XXI legione *Rapax*. Procedendo attraverso l'*Helvetia*, devastò spietatamente il paese degli Elvezi, perché avevano rifiutato di accettare l'autorità di Vitellio.

Cecina attraversò il Gran San Bernardo e marciò attraverso l'Italia settentrionale senza incontrare resistenza. Entrando in Italia, osservò una maggior disciplina rispetto a prima ed impedì alle sue truppe di saccheggiare il paese, ma il suo abbigliamento colpì ed indignò i cittadini, perché li riceveva indossando la *caracalla*, un mantello militare multicolore di fattura germanica, ed anche i calzoni

---

1 Cic. *Pro Caecina*, 104.

(*bracae*), che erano considerati un abbigliamento da barbari, indegni di un soldato romano, e, a maggior ragione, di un generale.
La gente era inoltre scandalizzata da sua moglie Salonina, poiché cavalcava in pompa magna su un bel cavallo e vestita di porpora.
Giacché *Placentia* era occupata dalle truppe di Otone, comandate da Vestricio Spurinna, Cecina attraversò il Po ed iniziò l'attacco della città. Tuttavia, fu respinto con perdite considerevoli, grazie in particolare al valore dimostrato dai pretoriani[2], e subito dopo riattraversò il Po ed si ritirò a Cremona. Le truppe di Otone erano comandate da Svetonio Paolino, celebre per aver soffocato la rivolta anti-romana di Budicca, regina degli Iceni, al tempo di Nerone- e da Publio Mario Celso. Il primo era un generale di grande abilità ed esperienza militare, che frustrò tutti i piani di Cecina. Gaio Svetonio Paolino forse già nel 41, certo nel 42 d. C. era stato incaricato di dirigere, con rango pretorio, la guerra contro i Mauri, e vi raccolse successi militari e, primo tra i Romani, guidò una spedizione oltre l'Atlante, ma la sottomissione finale della Mauretania fu riservata dall'imperatore Claudio al suo successore Cneo Osidio Geta. Delle sue imprese in Africa scrisse dei commentari utilizzati da Plinio il Vecchio. Nel 59 fu inviato come legato propretore in Britannia. Dopo due anni di amministrazione tranquilla, ebbe da domare la ribellione della regina degli Iceni Budicca e dovette in un primo momento abbandonare *Camalodunum*, *Londinium* e *Verulamium* che vennero rase al suolo dai britanni che ne sterminarono completamente la popolazione. In seguito, con i rinforzi di truppe inviatigli dalle legioni del Reno, poté ristabilire l'ordine. Ma nello stesso 61 fu revocato dalla carica per un contrasto col procuratore imperiale. Già console *suffectus* in data incerta, fu probabilmente console ordinario nel 66 (qualcuno però congettura che il console Paolino del 66 sia suo figlio). Combatté nella guerra civile del 69 per Otone contro Vitellio; ma riuscì dopo la sconfitta di Otone a giustificarsi davanti al rivale. *Lasciò fama di eccellente militare*, come scrive il grande storico della Roma imperiale Arnaldo Momigliano, e fu *nel complesso un solido tipo di funzionario imperiale*[3].

Volendo ritrovare il proprio onore prima di essere raggiunto da Fabio Valente, che stava avanzando con l'esercito della *Germania Inferior*, Cecina decise di fare uno sforzo vigoroso per guadagnare un vantaggio decisivo. Preparò di conseguenza un'imboscata in un posto denominato *Ad Castores*, dodici miglia da Cremona; ma i suoi programmi furono svelati al nemico e subì una sonora sconfitta. Poco tempo dopo, fu raggiunto da Fabio Valente e le loro forze unite quindi ottennero una vittoria sulle truppe di Otone a *Bedriacum*, vittoria che stabilì il potere di Vitellio in Italia.
L'infelice paese, tuttavia, fu ora esposto a saccheggio in ogni direzione, poiché né Cecina né Valente tentarono di trattenere i propri soldati, il primo per il desiderio di mantenere la sua popolarità con loro, l'altro perché partecipava lui stesso al saccheggio.
Dopo avere ottenuto il controllo di Roma, Cecina e Valente furono promossi al consolato ed entrarono nella carica il primo settembre del 69. Nel frattempo, Antonio Primo, che si era schierato a favore di Vespasiano, si stava preparando ad invadere l'Italia e Cecina di conseguenza fu inviato contro di lui. Cecina intercettò Antonio in prossimità di Verona e avrebbe potuto con il suo numeroso esercito schiacciarlo facilmente; ma decise di abbandonare la causa di Vitellio ed a questo scopo si accordò con Sesto Lucilio Basso, che aveva il comando della flotta del Vitellio e che meditava lo stesso tradimento. Ma quando tentò di persuadere i suoi soldati a scegliere Vespasiano, si ribellarono e lo misero in catene. In questo stato di cose, furono attaccati da Antonio, che li batté vicino a *Bedriacum* ed immediatamente dopo assaltò Cremona, dove la maggior parte si era rifugiata. Allarmati dai successi di Antonio, Cecina fu liberato dai suoi soldati ed inviato ad Antonio per intervenire a loro favore. Antonio spedì Cecina

---

2   R. Cowan, *Roman Guardsman 62 BC- AD 324*, Oxford 2014, p.24
3   A. Momigliano, *PAOLINO, Gaio Svetonio*, in Enciclopedia Italiana, Roma 1935, s.v.

da Vespasiano, che lo trattò con grande onore. Quando le notizie del suo tradimento giunsero a Roma, fu privato del suo consolato ed al suo posto venne eletto Roscio Regolo.

Non si hanno più notizie di Aulo Cecina Alieno fino al 79, verso la fine del principato di Vespasiano, quando prese parte ad una congiura contro l'imperatore e fu ucciso, per ordine di Tito, appena uscito da un banchetto nel palazzo imperiale.

GLI IMPERATORI.

MARCO SALVIO OTONE

Il successore di Galba era nato nel 32 d. C figlio di L. Salvio Otone che rivestì il consolato e di Albia Terenzia: la sua famiglia era di origine etrusca e fu innalzata al patriziato da Claudio nel 48 d. C. Amico intimo di Nerone, ne condivise i bagordi. Si sposò infatti nel 58 con Poppea Sabina, facendola divorziare da Rufino Crispino. Pochissimo dopo (o nello stesso anno 58 o nel 59) Nerone, innamoratosi di Poppea, allontanò Otone mandandolo come legato in Lusitania, benché egli avesse rivestito solo la questura e non la pretura, che era la magistratura atta ordinariamente a qualificare per il posto di legato. Poppea divenne quindi la sposa amatissima di Nerone, anche se, secondo quanto scritto da Svetonio, sarebbe stato proprio Nerone a causarne la morte con un calcio nel grembo mentre l'imperatrice era gravida.

In Lusitania Otone dovette rimanere fino alla morte di Nerone nel 68 d. C.

Si può comprendere senz'altro come Otone fosse lieto della fine del vecchio compagno di spensieratezze e fosse il primo legato provinciale ad associarsi a Galba. Ma egli aveva pure, soprattutto, un'ambizione: essere adottato da Galba privo di figli e perciò diventare imperatore dopo di lui. A questo scopo si affrettò a Roma, e perciò, quando Galba adottò un altro, egli non esitò ad atteggiarsi a rivendicatore di Nerone, per attrarre a sé gli elementi fedeli alla dinastia Giulio-Claudia e avvalersi delle antiche amicizie nella corte imperiale. Riuscì infatti ad attrarre a sé i pretoriani, a fare uccidere Galba e ad essere proclamato imperatore col nome di Nerone il 15 gennaio 69, proclamandosi dunque legittimo erede dei Giulio- Claudi.

Ma nei primi di gennaio le legioni germaniche avevano già proclamato per loro conto imperatore Vitellio.

All'evidente superiorità militare del rivale Otone cercò di reagire accattivandosi il favore delle provincie con il concedere privilegi. Poi cercò di rallentare la marcia delle armate di Vitellio già decise a scendere in Italia e quindi procurarsi il tempo di far arrivare dalla Dalmazia, dalla Pannonia e dalla Mesia le legioni necessarie a rafforzare il piccolo esercito residente in

▲ Busto di Otone (Museo delle Scienze Naturali, Houston, Texas). imperatore e intimo amico di Nerone con il quale litigò a causa di Poppea

Italia (almeno quattro coorti urbane, dodici coorti pretorie, la legione I *Auditrix*). A tal scopo Otone ordinò di imbarcare per la Gallia le coorti urbane, una parte dei pretoriani e pochi altri soldati per disturbare le truppe vitelliane comandate da Valente, che marciavano verso le Alpi. Ma i contingenti di Otone valsero solo a distrarre una parte piuttosto esigua delle truppe di Valente: il resto giunse in Italia e poté collegarsi indisturbato con le truppe dell'altro generale vitelliano, Cecina Alieno, nel marzo del 69. Di fronte ai settantamila vitelliani appartenenti alle migliori legioni dell'impero, Otone poteva dirsi del tutto impreparato: poco più di 8000 uomini gli erano giunti dalla Dalmazia e dalla Pannonia; 2000 gladiatori erano stati racimolati in Italia, oltre a un numero imprecisato di ausiliari germanici sicché nel complesso egli non poteva avere più di 30.000 uomini. Per di più era costretto a indugi e cautele perché non era sicuro della fedeltà dell'Italia centrale e di Roma stessa, dove il senato non poteva guardarlo di buon occhio. Nell'aprile del 69 l'imperatore d'impedire ai vitelliani di passare il Po attaccandoli presso *Bedriacum* il 14 aprile, ma fu sconfitto. Per quanto i vitelliani non assalissero l'accampamento di *Brixellum* in cui egli si era rifugiato, e malgrado i suoi generali lo esortassero ad attendere le legioni già arrivate ad Aquileia, Otone comprese che la partita era perduta e si uccise il 16 aprile, probabilmente sacrificandosi per evitare che la guerra civile facesse altre vittime. Una morte da stoico.

AULO VITELLIO GERMANICO

Figlio di Lucio Vitellio, un alto magistrato romano, che fu collega nella censura con l'imperatore Claudio, Vitellio era nato il 24 settembre del 15 d. C., e fu eletto console nel 48 d. C., tenne, fra l'altro, il proconsolato d'Africa. Si trovava da poco comandante delle truppe della *Germania Inferior*, quando il 2 gennaio 69 d. C. la I legione lo salutava imperatore seguita presto dalle altre legioni della Germania inferiore e da quelle poi della Germania superiore, che in gran parte (IIII *Macedonica* e XXII *Primigenia*) avevano già preso il giorno prima l'iniziativa della ribellione contro l'imperatore Galba. Basti notare che il carattere di rivalità fra gruppi militari è confermato dallo scarso rilievo della personalità prescelta dalle legioni del Reno, solo perché l'avevano a loro comandante. Né il moto si placò perché il 15 gennaio in Roma Galba era stato sostituito da Otone. All'arrivo della notizia, le legioni del Reno erano già del resto parzialmente in marcia per

▲ Busto di Vitellio, avversario di Otone e imperatore dopo di lui (Museo del Louvre, Parigi)

invadere l'Italia. A Vitellio giurarono fedeltà infatti rapidamente i governatori della Gallia Belgica, della Lugdunense e della Rezia, seguite dall'Aquitania e dalla Narbonese, nonché dalla Britannia e dalla Spagna: che se non aiutarono materialmente, almeno garantirono le spalle. Le truppe di Vitellio furono divise in due gruppi: quello della *Germania Superior* che doveva marciare sull'Italia attraverso la Svizzera per le Alpi Pennine, al comando del legato Aulo Cecina Alieno, forte di circa 30.000 uomini; e quello della *Germania Inferior* al comando di Fabio Valente, più numeroso, che per un giro più lungo, ma più facile, doveva giungere a Lione e poi per le Alpi Cozie congiungersi con le truppe di Cecina nella pianura lombarda. Il progetto militarmente ebbe pieno successo. Esso sorprese Otone, il quale, sebbene fosse dotatodi grande carisma ed amato dalla truppa era di scarsa competenza militare, in una fase di disorientato assestamento. Le poche truppe mandate a disturbare la marcia di Valente sulla costa ligure non bastarono allo scopo, e i due gruppi si poterono congiungere di fronte a un nemico inferiore di numero. L'attacco che gli otoniani tentarono a metà aprile per salvare la linea del Po finì con la loro sconfitta nella prima battaglia di *Bedriacum* e il conseguente suicidio d'Otone. Vitellio era ancora in viaggio quando veniva a conoscere di essere rimasto vincitore e solo padrone in campo. Ma quanto seguì dimostrò che egli non aveva, al pari del suo rivale, alcuna abilità di comandante, e cioè, si era fatto guidare dai suoi legati. Per di più si confermò che egli, trascinato dal caso a una vicenda superiore alla sua consapevolezza, non ebbe alcun fermo programma, alcuna sensazione anzi della situazione che gli stava dinnanzi. Rassicurato dalla stessa rapidità con cui l'Oriente si affrettò a riconoscerlo imperatore, non si preoccupò che di umiliare e castigare le legioni vinte, diminuendo per di più per ragioni economiche i propri effettivi. Lasciò pesare sull'Italia le legioni vincitrici, non trovò alcuna direttiva che lo rendesse popolare. L'atteggiarsi a successore di Nerone era ormai di dubbio gusto; l'adottare il titolo di console perpetuo, ambiguo e, in fondo, indifferente. La sua ghiottoneria diventò proverbiale. *Torpore* è la parola che Tacito ha trovato per definire il suo governo.

Eppure, malgrado Vitellio fosse il primo imperatore ad assumere il consolato a vita, egli si mantenne ligio alle tradizioni romane, dando prova di moderazione e di rispetto verso il Senato: considerò data del suo avvento al trono il 19 aprile, ossia la proclamazione da parte del Senato, avvenuta il due gennaio, e non l'acclamazione ad opera delle sue legioni come invece farà Vespasiano; rifiutò i titoli di Cesare e di Augusto, per rispetto a tanto grandi predecessori- e il titolo *Augustus*, infatti, non compare nelle coniazioni del suo impero[4].

Le legioni del Danubio e dell'Oriente intanto si accordarono sul nome di Tito Flavio Vespasiano, salutato in primo luogo in Egitto il 1° luglio. Mentre il legato di Siria Gaio Licinio Muciano si accingeva a marciare attraverso l'Asia Minore a Bisanzio, il legato della legione VII Antonio Primo marciava audacemente in Italia dalla Pannonia. Vitellio non poteva allora disporre di Valente, malato; e Cecina, che prese il comando di quattro legioni e altre unità minori, intendeva tradire e già si era accordato per ciò con Lucilio Basso, prefetto della flotta ravennate. Le sue truppe non accettavano il suo consiglio di passare al nemico e lo arrestavano; ma ripiegavano demoralizzate da *Hostilia* a Cremona. Antonio cercava di precederle a Cremona. Se la sorpresa non riusciva, ne derivava però una battaglia campale alla fine di ottobre, alle porte di Cremona, in cui i vitelliani erano distrutti. Nessuna sostanziale reazione fu tentata da Vitellio a questo disastro. Lasciò che i passi delle Alpi fossero occupati dai flaviani, lasciò che in Gallia Valente andato a cercare aiuto, fosse catturato presso Marsiglia. La lentezza della marcia di Antonio in Italia fu dovuta a difficoltà atmosferiche. Le truppe vitelliane già avanzate sino a *Mevania*, furono ritirate a *Narnia* quando fu noto della ribellione della flotta di Miseno: poco dopo le stesse truppe di *Narnia* si arrendevano. In Roma Vitellio era pronto a cedere il potere al fratello di Vespasiano, Flavio Sabino, allora prefetto della città; ma il popolo indignato lo costrinse a restare e a fare un'altrettanto sanguinosa, quanto grottesca, spedizione contro Sabino chiusosi in Campidoglio, con il risultato che il tempio di Giove Capitolino s'incendiò[5]. La sera stessa della caduta del Campidoglio, Antonio entrava in Roma vincendo la disperata resistenza degli ultimi vitelliani, fedeli a un onore militare più degno della tradizione romana che non dell'imperatore, mentre Vitellio, dopo aver tentato di fuggire, si nascondeva e, sorpreso, il 20 dicembre 69 d. C. il suo cadavere veniva precipitato ignominiosamente dalle *Scalae Gemoniae* sul Campidoglio, dove ancora bruciavano le rovine del tempio di Giove Capitolino.

▲ Busto di Vespasiano

◄ Sesterzo di Servio Sulpicio Galba Cesare Augusto (Terracina, 24 dicembre 3 a.C. – Roma, 15 gennaio 69) . Fu il primo dei quattro imperatori

---

4 M. Grant, *The Roman Emperors. A Biographycal Guide to the Rulers of Imperial Rome, 31 BC- AD 476*, London 1985 (tr.it. Roma 1993, p. 48).

5 Insieme allo zio sul Campidoglio si era rifugiato il figlio diciottenne di Vespasiano, il futuro imperatore Domiziano, che riuscì a fuggire, venendo quindi acclamato Cesare dalle truppe di Antonio Primo; il suo nome figurò nei dispacci e nei documenti ufficiali dopo l'occupazione flaviana dell'Urbe. Fu probabilmente per aver accettato questo titolo, che spettava all'imperatore, che Vespasiano in seguito relegò in una posizione secondaria Domiziano, preferendogli il fratello Tito, senza mai affidargli né una carica importante- il consolato era un titolo ormai quasi esclusivamente onorifico- né un comando militare (Grant, *The Roman Emperors*, cit., pp..60-61.)

TITO FLAVIO VESPASIANO

Tito Flavio Sabino Vespasiano nacque in Sabina presso l'antico *Vicus Phalacrinae* (l'odierna cittadina di Cittareale), figlio di Flavio Sabino, esattore di imposte e piccolo operatore finanziario; la madre Vespasia Polla era sorella di un senatore di Roma.
Dopo aver servito nell'esercito in Tracia ed essere stato questore nella provincia di Creta e Cirene, Vespasiano divenne edile e pretore, avendo nel frattempo sposato Flavia Domitilla, figlia di un cavaliere, da cui avrà due figli: Tito e Domiziano - che diverranno in seguito imperatori - ed una figlia, Domitilla. La moglie e la figlia morirono entrambe prima che Vespasiano lasci la magistratura.
Dopo aver servito nell'esercito in Germania, partecipò all'invasione romana della Britannia sotto l'Imperatore Claudio: in questo contesto si distinse nel comando della Legione II *Augusta* sotto il comando di Aulo Plauzio. Grazie a lui venne sottomessa l'Isola di *Vette* (Wight), portando l'esercito fino ai confini del Somerset (Inghilterra).

(...) venne trenta volte a battaglia con il nemico. Agli ordini prima di Aulo Plauzio e poi dello stesso Claudio, costrinse alla resa due fortissime tribù e più di venti oppida, *conquistando l'isola di* Vette, *vicina alla costa della Britannia. Ricevette per questi successi gli* ornamenta triumphalia *e in poco tempo due sacerdozi*[6].

Nell'anno 51 venne eletto console; nel 63 si recò in Africa in qualità di governatore. Poi fu in Grecia al seguito di Nerone e, nel 66 venne incaricato della repressione della rivolta ebraica in Giudea, che minacciava di espandersi a tutto l'oriente. Secondo Svetonio, una profezia conosciuta in tutte le province orientali proclamava che dalla Giudea sarebbero venuti i futuri governanti del mondo. Vespasiano probabilmente credeva che questa profezia si applicasse a lui, e avrebbe trovato un gran numero di presagi, oracoli e portenti per rafforzare questa credenza.
A cavallo tra l'anno 68 e il 69, alla morte di Nerone, vennero eletti quattro diversi imperatori provenienti da quattro diverse zone dell'impero: Galba in Spagna, Vitellio dalle legioni germaniche, Otone dalla guardia pretoriana e Vespasiano dalle legioni siriane.
In oriente tutti guardavano a Vespasiano; il governatore Muciano della Siria decise di appoggiarlo con le sue legioni. Mentre era a Cesarea, Vespasiano venne acclamato imperatore prima dall'esercito d'Egitto (1 luglio 69), poi dalle sue truppe in Giudea (11 luglio). Svetonio racconta che durante il suo soggiorno in Egitto, Vespasiano si rese protagonista di due miracoli, guarendo con la propria saliva gli occhi di un cieco e con il suo tocco la gamba ad uno storpio.
Il favore verso Vespasiano prese rapidamente a crescere e gli eserciti di Tracia e Illiria in breve lo acclamarono come loro imperatore, rendendolo così padrone della metà più ricca dell'impero.
Sotto il comando di Antonio Primo le truppe di Vespasiano entrarono quindi in Italia dalla frontiera nord orientale, sconfissero l'esercito di Vitellio (seconda battaglia di *Bedriacum*), saccheggiarono Cremona ed avanzarono verso Roma, dove entrarono e ingaggiarono furiosi combattimenti che portarono anche alla distruzione del Campidoglio a causa del fuoco appiccato per snidare I soldati di Vitellio asserragliati sull'arce capitolina. Il giorno dopo, 21 dicembre, il Senato ratificò l'elezione alla porpora di Vespasiano.
Ricevuta la notizia della sconfitta e della morte di Vitellio mentre si trovava ad Alessandria, Vespasiano inviò a Roma le forniture di grano necessarie a far cessare la carestia causata dal blocco degli invii di grano egiziano da lui ordinata durante la guerra; contemporaneamente emanò un editto - che è più che altro una dichiarazione di intenti - dove assicura il completo rovesciamento delle leggi di Nerone, specialmente di quelle relative al tradimento.

---

6 Svetonio, *d. Vesp.*, 4.

▲ Busto di Vespasiano, c. 80 d.C, Farnese Collection, Museo archeologico nazionale di Napoli

Vespasiano lasciò che la guerra in Giudea venisse condotta dal figlio Tito, e giunse a Roma nell'anno 70. Cercò da subito di riparare i danni causati dalla guerra civile e, con la cooperazione del Senato, instaurò nuove e solide basi per il governo e le finanze.

Molto denaro venne speso in lavori pubblici, come in restauri e abbellimenti di Roma, tra cui un nuovo Foro, il *forum Pacis*, il Tempio della Pace, e l'immenso *Amphiteatrum Flavium*, il Colosseo, sorto sul luogo del lago della *Domus Aurea* di Nerone. Attraverso il proprio esempio di una vita semplice, mise alla gogna il lusso e la stravaganza dei nobili romani. Uno dei provvedimenti più importanti di Vespasiano fu la promulgazione della *lex de imperio Vespasiani*, in seguito alla quale se stesso e gli imperatori successivi governeranno in base alla legittimazione giuridica e non più in base a poteri divini e autocratici come avevano fatto i predecessori.

▲ Busto di Nerone. Alla morte del famoso e controverso imperatore romano ebbe inizio l'anno cosiddetto dei quattro imperatori.

▶ Moneta della XIII Legio Galbiana

Come censore Vespasiano riformò il Senato e l'ordine equestre, promuovendo uomini abili ed onesti.

La guerra in Giudea intanto, con la conquista di Gerusalemme nel 70, veniva conclusa da Tito. Negli anni seguenti, dopo il trionfo congiunto di Vespasiano e Tito, memorabile come prima occasione in cui padre e figlio venivano associati nel trionfo, le porte del Tempio di Giano vennero chiuse per la prima volta da decenni: il mondo romano vivrà in pace per i restanti nove anni del regno di Vespasiano. La pace di Vespasiano diverrà proverbiale.

Nel 78 Giulio Agricola giunse in Britannia ed estese e consolidò la presenza di Roma nella provincia, sottomise l'odierno Galles, spingendosi in armi fino alla Scozia settentrionale, dove sconfisse i caledoni a *Mons Graupius* nell'84[7].

Fu il punto più settentrionale raggiunto da Roma. Vespasiano morì il 23 giugno del 79, nella propria villa di *Cotilia*, nella sua Sabina, quasi esattamente dieci anni dopo la sua acclamazione ad imperatore. Riuscì a scherzare anche poco prima della morte: "*Ohimé, credo di star per diventare un dio*"[8], avrebbe detto stando a Svetonio, e, in punto di morte esclamò: "*Un imperatore deve morire in piedi!*"[9]. Cercò di alzarsi, ma crollo senza vita tra le braccia di chi cercava di sostenerlo. Era il primo imperatore dopo Augusto a morire di morte naturale nel proprio letto.

---

7 Vennero impegnate in battaglia solo le coorti ausiliarie. Morirono circa 10.000 caledoni, 360 ausiliari batavi, nessun legionario romano.
8 *Svet., d. Vesp.*, 23.
9 Ibid., 24.

LE LEGIONI

LE LEGIONI DI OTONE E DI VESPASIANO

LEGIO I AUDITRIX

Emblema: Capricorno e Cavallo alato.

Segno zodiacale : capricorno.

Fondazione : Fondata nel 68 sotto Nerone con marinai della *Classis Miseniatis*.

Guarnigioni: Mogontiacum, Apulum, Brigetio.

Campagne e Battaglie: prima battaglia di *Bedriacum*, 69;
Rivolta batava, 70;
Campagna contro i Catti, 83;
Guerre di Domiziano in Dacia, 85-86;
Campagna contro Suebii e Sarmati, 89;
Conquista della Dacia, 101- 106;
Campagna partica di Traiano, 115- 117;
Guerra contro gli alani, 135;
Guerra civile 193- 197;
Campagne partiche di Caracalla, 195 e 197- 198,
Campagna di Gordiano III contro i Sasanidi, 215- 217.

La Legio I *Adiutrix* fu formata nei primi mesi del 68 con i marinai della flotta di Capo Miseno, su ordine di Nerone forse da Galba.

la I *Auditrix* combatté dapprima per Galba, e quindi passata nell'esercito di Salvio Otone, forse partecipò alla battaglia di *Ad Castores* (ma non è sicuro) e nella prima battaglia di *Bedriacum* il 14 aprile del 69, dove Otone venne sconfitto da Vitellio.

Non prese parte alla campagna d'Italia di Vespasiano.

Nel 70, la legione combatté durante le ultime fasi della Rivolta batava.

La città di *Mogontiacum* (Magonza) è la prima base conosciuta della legione, che condivideva con la XIV *Gemina*.

Qui le due legioni ebbero il compito di difendere il *limes* della nuova provincia della *Germania Superior*. Nell'83 parteciparono alle campagne germaniche di Domiziano contro i Catti, una tribù germanica che viveva oltre il Reno, a nord del fiume Meno.

Poco più tardi nell'85-86 prese parte con sue *vexillationes* alla guerra di Domiziano contro i daci. A partire dall'89 prese parte anche alle campagne contro Suebii e Sarmati concluse da Traiano nel 97 durante le quali potrebbe essere stata già trasferita in Pannonia (anche in seguito alla distruzione di un'intera legione ad opera dei Iazigi, la XXI *Rapax* che si era distinta nelle due battaglie di *Bedriacum*), o forse per un paio d'anni a *Burnum* in Dalmazia.

A seguito dell'assassinio di Domiziano avvenuto nel 96, la *Adiutrix*, assieme all'armata danubiana, giocò un ruolo importante nella politica romana nell'ottobre del 97, favorendo l'adozione di Marco Ulpio Traiano da parte di Cocceio Nerva, il nuovo imperatore.

Quando Traiano divenne imperatore l'anno successivo, concesse alla legione il *cognomen* di *Pia Fidelis* (leale e fedele) in riconoscimento del suo appoggio.

Tra il 101 ed il 106, sotto il comando di Traiano, la I *Adiutrix* prese parte alla conquista della Dacia ed occupò la nuova provincia insieme alle legioni IIII *Flavia Felix* e *XIII Gemina* con *vexillationes* lasciate di stanza ad *Apulum*.

Nel 103, divisa la provincia di Pannonia in *Inferior* e *Superior*, il *castrum* di *Brigetio* rientrò nella giurisdizione del governatore di quest'ultima, almeno fino a quando l'imperatore Caracalla non modificò i confini tra le due nuove province, attribuendo *castrum* e legione alla provincia della Pannonia *inferior*. Traiano utilizzò questa legione anche nella campagna contro i parti del 115-117.

Una volta conclusa la pace con l'impero arsacide da parte di Adriano la I *Adiutrix* fu stanziata di nuovo in Pannonia, a *Brigetio*.

Durante i decenni successivi alle campagne di Traiano, la I *Adiutrix* rimase stanziata sul *limes* danubiano, a parte una breve permanenza di sue *vexillationes* nel Ponto per una campagna contro gli Alani lungo i confini della Cappadocia nel 135 agli ordini di Flavio Arriano, famoso soprattutto come storico per la sua *Anabasi di Alessandro*. Tra il 171 ed il 175, il comandante della I *Auditrix* fu Pertinace, imperatore per un breve periodo nel 193.

Durante la guerra civile del 193-197 la I *Auditrix* appoggiò la candidatura del governatore della Pannonia Superior Settimio Severo contro il suo vecchio comandante Pertinace.

Nei decenni successivi la legione partecipò con sue *vexillationes* a diverse campagne contro i Parti, a partire dal 195 e 197-198, poi a quelle del 215-217 sotto Caracalla ed infine a quella del 244 dell'imperatore Gordiano III Pio contro i Sasanidi.

Nel corso del III secolo la legione ricevette tutta una serie di *cognomina*: *Pia Fidelis bis*, *Constans*, e *Antoniana*.

▲ Moneta aurea di Vespasiano

LEGIO III *GALLICA*

Emblema: tre tori.

Segno zodiacale: capricorno.

Fondazione: Fondata da Giulio Cesare in Gallia sulla base della III legione pompeiana.

Area di reclutamento: in origine Gallia, sotto Marco Antonio Siria.

Guarnigioni: Emesa, Apamea, Cappadocia, Armenia, Giudea, Mesia, Roma e Capua, Giudea, Danaba.

Campagne e battaglie[1]: prima campagna partica di Corbulone, 58- 60.;
seconda campagna partica di Corbulone, 62.;
prima rivolta giudaica, 66- 67;
Disfatta dei Sarmati- Roxolani, 68;
seconda battaglia di *Bedriacum*, 69;
battaglia di Cremona, 69;
presa di Roma, 69;
seconda rivolta giudaica, 132 135.

La *Legio* III *Gallica* venne costituita da Gaio Giulio Cesare intorno al 48 a.C., per la sua guerra civile contro gli ottimati guidati da Gneo Pompeo. Il *cognomen Gallica* suggerisce che le reclute fossero originarie della *Gallia Narbonensis*. La legione era ancora attiva in Egitto all'inizio del IV secolo, e aveva come simbolo il toro.

La legione prese parte alla guerra civile a fianco di Gaio Giulio Cesare.

Dopo la morte di quest'ultimo la III entrò a far parte dell'esercito di Marco Antonio. Dopo la sconfitta definitiva di Marco Antonio ad Azio (31 a.C.), la legione III, soprannominata *Gallica*, rimaste in servizio nel nuovo esercito di Augusto.

---

1   Per motivi di spazio, le guarnigioni e le campagne riportate si limitano al periodo del Principato (I - II sec.d.C.).

Durante il principato di Nerone Cneo Domizio Corbulone utilizzò la III *Gallica* per la sua campagna del 63 contro i Parti, volta ad affermare il dominio romano sul Regno di Armenia, uno stato cuscinetto tra le due potenze. Furono però proprio i successi ottenuti da Corbulone a fomentare la gelosia di Nerone per la popolarità del suo generale, che costrinse a suicidarsi. La III fu poi inviata in Mesia, a difendere il confine sul Danubio all'epoca della morte di Nerone, nel 68.

Nell'Anno dei quattro imperatori (69) l'esercito del Danubio parteggiò prima per Otone e poi per Vespasiano. La III combatté per quest'ultimo nella decisiva seconda battaglia di *Bedriacum*, in cui le forze di Vitellio vennero sconfitte, ed ebbe un impatto decisivo sulla battaglia: i legionari della Gallica, durante la permanenza in

▲ Sesterzio di Otone

Siria, avevano preso l'abitudine di salutare il sole nascente, in un gesto legato al culto solare, e così fecero anche a *Bedriacum*; gli uomini di Vitellio, credendo che la III *Gallica* stesse salutando i rinforzi giunti da oriente si demoralizzarono e furono sconfitti. In quegli anni il *tribunus laticlavius* della III *Gallica* fu Caio Plinio Cecilio Secondo, il celeberrimo Plinio il Vecchio.

Dopo la conclusione della guerra, la III *Gallica* venne rimandata in Siria. La zona fu un punto caldo nel II secolo, e la III venne impegnata nella soppressione delle rivolta giudaica, così come nelle campagne partiche di Lucio Vero (161-166) e Settimio Severo (197-198).

Nel III secolo la III *Gallica* ebbe un ruolo fondamentale nell'ascesa di Elagabalo, l'imperatore successore di Macrino. Macrino era succeduto all'imperatore Caracalla, membro della dinastia dei Severi e assassinato dalle truppe durante la campagna partica; il nuovo imperatore aveva mostrato la propria clemenza, limitandosi a rimandare in Siria le donne e i giovani della famiglia dei Severi.

Nel 218 Giulia Mesa si recò a *Rafana*, in Siria, dove la III *Gallica* era acquartierata sotto il comando di P. Valerio Comazone Eutichiano e fece una ricca donazione ai legionari, con il denaro che Macrino non le aveva confiscato. In cambio, il 16 maggio, i legionari acclamarono imperatore il nipote quattordicenne di Giulia, quel Sestio Vario Avito Bassiano passato alla storia col nome di Elagabalo e che venne spacciato per figlio naturale di Caracalla per sollecitare lo spirito legalista dell'esercito. L'8 giugno la III *Gallica* e altre legioni che sostenevano la causa del rampollo della dinastia severiana sconfissero nella battaglia di Antiochia le forze di Macrino. Comazone entrò a far parte della corte di Elagabalo, divenendone il prefetto del pretorio e raggiungendo il consolato nel 220.

Intanto, nel 219 gli eccessi di Elagabalo portarono alla rivolta di Vero, che si proclamò imperatore col sostegno della III *Gallica*. Elagabalo soppresse la rivolta, fece giustiziare Vero e sciolse la legione, i cui legionari vennero trasferiti alla III *Augusta*, di stanza in Africa. Ad ogni modo, il successivo imperatore, Alessandro Severo, ricostituì la legione e la rimandò in Siria, nei pressi di Damasco, a proteggere la strada per Palmira.

Le informazioni sul periodo successivo della legione sono oscure e rare, ma nel 323 erano ancora in Siria. Una unità mista della III *Gallica* e della I *Illyricorum* venne impiegata in Egitto nel 315-316.

LEGIO VII *CLAUDIA PIA FIDELIS*

Emblema: Toro.
Segno zodiacale: leone.
Fondazione: reclutata originariamente da Pompeo nel 55 a.C
Area di reclutamento: Spagna, poi Asia Minore.

Guarnigioni: Galazia, *Tilurium*, Mesia, Roma, *Viminacium*, Dacia, *Viminacium*.
Campagne e Battaglie:
Guerre pannoniche, 6-9;
seconda battaglia di *Bedriacum*, 69;
battaglia di Cremona, 69;
presa di Roma, 69;
battaglia di *Tapae*, 88;
campagne daciche di Traiano, 101- 106.

La VII *legio Paterna Claudia Pia Fidelis* (*paterna* forse perché deriverebbe dalla legione VII del padre adottivo di Ottaviano, Gaio Giulio Cesare; *fedele e leale*) in origine arruolata da Pompeo Magno nel 55 a.C. e poi inquadrata nell'esercito di Cesare, fu riformata da Augusto dopo la battaglia di Azio del 31 a.C., ed esistette almeno fino alla fine del IV secolo, quando svolgeva compiti di pattuglia nel medio corso del Danubio. Il suo emblema, come quello di tutte le legioni cesariane, era il toro, insieme con il leone.
Prese parte alla guerra civile tra Cesare e Gneo Pompeo Magno combattendo a fianco del primo nella battaglia di Farsalo. Sciolta dopo Tapso nel 46 a.C., fu formata nuovamente da Marco Antonio, con un nucleo di veterani che mal si erano adattati alla vita civile, nel 44 a.C. Dopo la battaglia di Filippi passò dalla parte di Ottaviano, con il quale rimase fino alla battaglia di Azio del 31 a.C., confluendo infine nella VII *Paterna Macedonica* poi *Claudia*.
Questa legione non sembra sia da identificare con la omonima VII legione di Marco Antonio, reclutata in Oriente, probabilmente durante il suo soggiorno a fianco dell'ultima regina tolemaica d'Egitto, Cleopatra VII.
Nel 42 ottenne il titolo di *Claudia Pia Fidelis* in seguito alla rivolta del governatore della provincia di Dalmazia, Furio Camillo Scriboniano, poiché le legioni (VII e XI) lo sostennero solo per quattro giorni e la rivolta non si estese. Claudio per questi motivi premiò la lealtà delle legioni dalmatiche.

LEGIO *VII GALBIANA GEMINA*

Emblema: Toro (?).
Segno zodiacale: Gemelli.
Fondazione: fondata da Galba nel 68.
Area di reclutamento: in origine *Hispania Tarraconensis*.
Guarnigioni: Roma, *Carnutum*, Legio.

Campagne e Battaglie: seconda battaglia di *Bedriacum*, 69;
battaglia di Cremona, 69;
presa di Roma, 69;

Rilievi del *Praetorium di Mogontiacum* (Mainz), celebre esempio di arte legionaria del I secolo dopo Cristo. L'interesse di questi rilievi è nell'accuratezza con cui sono rappresentati l'armamento e l'equipaggiamento dei soldati delle legioni del Reno intorno all'epoca della guerra civile del 69.

◄ Legionari all'assalto. Il primo è armato di *gladium* e di *scutum* rettangolare; entrambi i legionari indossano l'elmo di tipo gallico imperiale e non sembrano portare la corazza.

▼ Ausiliario o fante armato alla leggera (*lanciarius*). Completamente protetto dallo scudo ovale, è armato con una lancia e due giavellotto (telii).

▼ Legionario e *signifer* in tenuta di marcia. Il legionario e il portainsegne indossano il *sagum* (mantello); il soldato porta la lorica segmentata.

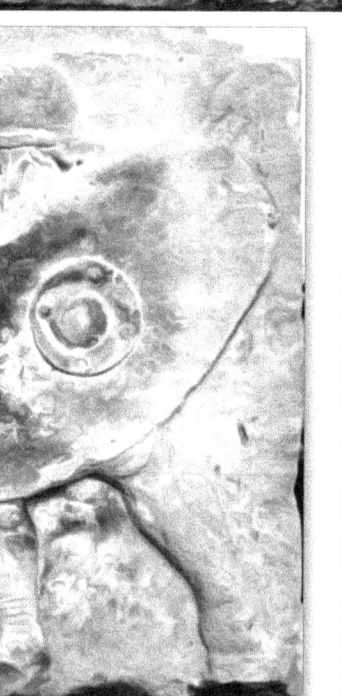

La legione VII *Gemina* venne costituita nel 68, quando il governatore della *Hispania Tarraconensis*, Sulpicio Galba, la arruolò per marciare su Roma.
Originariamente denominata *Galbiana*, divenne *Gemina* dopo che nelle sue fila furono inseriti i resti della I *Germanica*.
Dopo aver preso parte alla guerra civile e alla battaglia di *Bedriacum* e all'assedio di Cremona la VII *Gemina* tornò in *Hispania*. La VII si trovava ancora a *Legio* (León, Spagna) alla fine del IV secolo. Non si conosce con certezza il suo emblema, ma probabilmente si tratta di un toro[2].
Tra i suoi comandanti vi furono Publio Cornelio Anullino (177) e Quinto Edio Lolliano Plauzio Avito (202-205). Al tempo della *Notitia dignitatum* suoi distaccamenti (*vexillationes*) erano posti sotto il comando del *Magister militum per Orientem*.

LEGIO VIII *AUGUSTA*

Emblema: Toro.
Segno zodiacale: Capricorno (?)
Fondazione: Già esistente in età repubblicana.
Area di reclutamento: Italia e Spagna.

Guarnigioni: *Hispania*, *Africa*, *Poetovio*, *Novae*, *Argentoratum*.
Campagne e Battaglie: Guerra cantabrica, 29-19 a.C.
Rivolta di Tacfarinas, 17;
seconda battaglia di *Bedriacum*, 69;
battaglia di Cremona, 69;
presa di Roma, 69.

Cesare utilizzò l'VIII legione - assieme alla VII, alla VIIII e alla X - per la sua campagna in Gallia del 58 a.C. La legione si distinse nella battaglia del *Sabis* contro i Nervii (quando assieme alla VIIII sostenne l'assalto dei Viromandui e li respinse) e nell'assedio di Gergovia. Per questi meriti le venne assegnato il nome di *Gallica Victrix* (vincitrice dei Galli).
Nel 49 a.C. l'VIII legione seguì Cesare in Italia, attraversando il Rubicone, combattendo a *Corfinum* e Brindisi per poi rimanere in Apulia. Attraversato lo stretto d'Otranto nella primavera del 48 a.C., la legione combatté con perdite a *Dyrrachium*. Cesare non volle dare tregua a Gneo Pompeo Magno, e gettò le proprie legioni nella battaglia di Farsalo a ranghi ridotti, tanto che l'VIII legione venne unita alla VIIII per questa battaglia; malgrado ciò la vittoria fu decisiva per le sorti della guerra civile.
Come consuetudine, al congedo i veterani ricevettero delle terre da coltivare, in Campania: quelli che accettarono di riprendere le armi per la campagna africana di Cesare del 46 a.C. ricevettero altre terre l'anno successivo.
Gaio Giulio Cesare Ottaviano ricostituì l'VIII legione nell'autunno del 44 a.C., così come altre del padre adottivo, in occasione delle guerre contro gli assassini di Cesare, contro l'opposizione del partito degli ottimati, e infine contro il collega del secondo triumvirato Marco Antonio: fu così che l'VIII partecipò alle guerre civili che portarono alla fine della Repubblica Romana.
La legione combatté a *Mutina* (odierna Modena) contro Marco Antonio nel 43 a.C., dopo essersi

---

2 S. Dando-Collins, *Legions of Rome*, London 2010, p. 146.

distinta ulteriormente in questa battaglia prese il nome di *Mutinensis*; successivamente combatté a Filippi contro gli assassini di Cesare (42 a.C.), a Perugia contro Lucio Antonio, in Sicilia contro Sesto Pompeo, ed infine alla decisiva battaglia di Azio (31 a.C.), vincendo la quale Ottaviano sconfisse definitivamente Marco Antonio,.

All'inizio dell'impero, Augusto si ritrovò con parecchie legioni, tra quelle proprie e quelle ereditate da Marco Antonio. Quelle che non furono sciolte vennero ricollocate sul territorio, e l'VIII, ora nota come *Mutinensis Gallica Victrix* (abbreviato MGV sulle coniazioni legionarie), venne inviata a presidiare l'Africa del nord, in Tunisia, anche se alcune sue *vexillationes* vennero impiegate nella guerre cantabriche. Successivamente la legione venne spostata nei Balcani: il fatto che ricevette il titolo *Augusta* è probabilmente legato ad una vittoria ottenuta a metà dell'ultimo decennio del I secolo a.C., oppure al fatto che era "devota ad Augusto", che l'aveva ricostituita.

Sotto Tiberio, nel 19, sue *vexillationes* furono trasferite, anche se solo temporaneamente dalla Pannonia (dislocata a *Sirmio*), in Mauritania per sedare la rivolta dei Musulami di Tacfarinas. Tornavano poco dopo dal 24-25, sul fronte pannonico. Fu, quindi, dislocata dal 46 al 68 circa a *Novae* in Mesia. Successivamente si attinsero dalla *Legio* VIII i contingenti inviati in Britannia a presidio del Vallo di Adriano. La legione fu, però, dislocata in modo permanente a partire da Domiziano, ad *Argentoratum* (l'odierna Strasburgo) dall'88-90, dove rimase fino alla caduta dell'Impero romano d'Occidente.

LEGIO XIII *GEMINA*.

Emblema: Leone.

Segno zodiacale: capricorno.

Fondazione: Giulio Cesare, 58 a.C.

Area di reclutamento: Gallia Cisalpina.

Guarnigioni: *Illirycum*, Reno, Rezia, Pannonia, Reno, *Vindonissa*, *Poetovio*, Reno, *Poetovio*, Dacia, *Sarmizegethusa*, *Apulum*, *Ratiara*, *Sirmium*.

Campagne e Battaglie: Campagne di Druso in Germania, 20- 15 a.C.;
Conquista della Rezia, 15 a.C.;
Guerra pannonica, 6- 9;
campagne di Germanico sul Reno ed Elba, 14- 16;
battaglia di *Idistavisus*, 15;
battaglia del Weser, 17;
seconda battaglia di *Bedriacum*, 69;
battaglia di Cremona, 69;
presa di Roma, 69;
prima guerra dacica, 101- 102;
seconda guerra dacica, 105- 106.

La *Legio* XIII venne creata da Giulio Cesare nel 57 a.C., in vista della campagna contro le popolazioni belgiche, in uno dei suoi primi interventi nei conflitti interni alle popolazioni galliche.

La *legio* XIII, ridenominata *legio* XIII *Gemina* dopo il 31 a.C., è una delle legioni romane storicamente più degne di nota, e fu una delle legioni che furono condotte da Giulio Cesare nelle sue campagne in Gallia e anche nelle successive guerre civili contro la fazione capitanata da Pompeo. È soprattutto la legione che per prima passò il Rubicone il 10 gennaio del 49 a.C. La legione si trovava a *Vindobona* nel V secolo.

Durante le guerre galliche di Cesare (57 a.C.-51 a.C.) la legione partecipò alla battaglia del Sabis contro i Nervi ed all'assedio di Gergovia, e, anche se le fonti non la citano, è ragionevole pensare che la XIII abbia partecipato anche alla battaglia e all'assedio di Alesia contro Vercingetorige.

Dopo le campagne in Gallia, prese parte alla guerra civile, seguendo Cesare quando quest'ultimo attraversò il Rubicone dando inizio alla guerra civile contro la fazione degli ottimati. La legione rimase sempre fedele a Cesare durante tutto il conflitto, fino al decisivo scontro di Farsalo nel 48 a.C. La legione fu sciolta e i legionari *missi* con la tradizionale assegnazione di terre. La legione fu però richiamata in armi nel 46 a.C. per prendere parte alla battaglia di Tapso e alla successiva Battaglia di Munda nel 45 a.C. Dopo quest'ultima battaglia, Cesare sciolse nuovamente la legione premiandola con l'assegnazione di terre in Italia.

Ottaviano ricostituì nuovamente la legione nel 41 a.C. per affrontare la ribellione di Sesto Pompeo, figlio di Pompeo in Sicilia. La *Legio* XIII acquisì il *cognomen Gemina* (gemella appunto, che era l'appellativo comune per indicare le legioni costituite a partire da porzioni di altre legioni), dopo che fu rinforzata con i legionari veterani provenienti da altre legioni dopo la battaglia di Azio.

Augusto inviò poi la legione a *Burnum* (l'odierna Tenin) nella provincia romana dell'Illiria (oggi in Croazia), mentre nel 16 a.C., la legione fu trasferita ad *Emona* (odierna Lubiana), in Pannonia, dove dovette fronteggiare le ribellioni locali. Dopo la disastrosa battaglia della foresta di Teutoburgo del 9 d.C., nella quale i Germani annientarono tre legioni romane, la *Legio* XIII fu inviata a *Vindonissa*, nella provincia della *Germania Superior*, per prevenire ulteriori attacchi delle tribù germaniche.

L'imperatore Claudio la spostò nuovamente in Pannonia intorno al 45; la legione era di stanza a *Poetovium*, l'odierna Ptuj in Slovenia. Nell'Anno dei quattro imperatori, la XIII *Gemina* si schierò prima con Otone e poi con Vitellio, entrambi sconfitti, nelle due battaglie di *Bedriacum*. Nell'89, Domiziano, in occasione delle campagne daciche, trasferì la legione, che si trovava accampata a Vienna, in Dacia ad Alba Iulia, per presidiare la regione. La legione fu poi spostata quando la Dacia fu evacuata, e riposizionata nella *Dacia Aureliana*.

Vexillationes della XIII *Gemina* combatterono sotto l'imperatore Gallieno nell'Italia settentrionale. L'imperatore, per celebrare la legione, coniò un antoniniano con il leone simbolo della legione (259-260).

Un'altra *vexillatio* era presente nell'esercito del cosiddetto Impero delle Gallie sotto il comando dell'usurpatore Vittorino: anche questo autoproclamato imperatore coniò una moneta d'oro per celebrare la legione e il suo emblema.

Con l'abbandono della Dacia da parte di Aureliano, la legione fu trasferita nel *castrum* di *Ratiaria* dove rimase almeno per tutto il IV secolo.

Nel V secolo, secondo la *Notitia Dignitatum*, la *legio tertiadecima gemina* si trovava in Babilonia d'Egitto, una fortezza strategica sul Nilo, lungo il confine tradizionale tra il basso e il medio Egitto, dove sorge oggi il quartiere cairota di Masr al Qadim, il Cairo vecchio, sotto il comando del *comes limitis Aegypti*, sotto quindi il dominio dell'impero romano d'Oriente.

◄ Rilievo dalla colonna traiana raffigurante legionari armati di cheiroballista (ballista leggera) durante l'assedio di una città

◄ Stele funeraria di Cneo Musio, aquilifer della Legio XIIII Gemina. Mogontiacum (Mainz), I secolo d.C.

▼ Rilievi del *Praetorium di Mogontiacum* (Mainz): Prigionieri germanici incatenati.

LE LEGIONI DI VITELLIO.

LEGIO I *ITALICA*.

Emblema: Cinghiale.
Segno zodiacale: capricorno.
Fondazione: Nerone, 66.
Area di reclutamento: Italia.
Guarnigioni: Gallia Cisalpina, *Gallia Lugdunensis*, *Novae*, Dacia, *Novae*.

Campagne e Battaglie: prima battaglia di *Bedriacum*, 69;
seconda battaglia di *Bedriacum*, 69;
battaglia di Cremona, 69;
prima e seconda guerra dacica, 101- 106;
campagne di Marco Aurelio contro Sarmati, Marcomanni e Quadi, 167- 175.

La Legio I *Italica* venne costituita da Nerone il 20 settembre 66 o 67 e attiva fino al V secolo. I suoi emblemi erano il cinghiale e talvolta il toro.
La legione fu arruolata da Nerone e ricevette le aquile il 20 settembre 66 in previsione di una spedizione in oriente; fu costituita da reclute nate in Italia e alte almeno sei piedi romani (1,77 metri circa, poiché un piede corrispondeva a 29,65 cm), che l'imperatore chiamava la *Falange di Alessandro Magno*.
Ricevette il *cognomen* di *Italica* e fu acquartierata in Mesia inferiore.
A causa della ribellione di Giulio Vindice, Nerone fu costretto ad annullare la sua campagna partica e ad inviare la legione, assieme ad altre truppe, in Gallia (marzo/aprile 68), probabilmente troppo tardi per essere coinvolta negli scontri, in quanto la rivolta era stata soppressa da Lucio Virginio Rufo, governatore della Germania superiore; la legione probabilmente rimase in Gallia sotto il comando di Petronio Turpiliano e Rubrio Gallo. Nel giugno di quell'anno, però, il Senato riconobbe imperatore Galba e Nerone dichiarato nemico pubblico, si suicidò. Era evidente che l'esercito del Reno di Virginio Rufo (composto dalle legioni XXI *Rapax*, IIII *Macedonica* e XXII *Primigenia*) aveva fatto la scelta sbagliata. Galba, durante il suo viaggio attraverso la Gallia, fece acquartierare la I Italica a *Lugdunum* (Lione), forse per controllare meglio l'esercito del Reno.
Nel gennaio del 69, l'anno dei quattro imperatori, mentre la I *Italica* era ancora a *Lugdunum* sotto il comando del legato Manlio Valente, il governatore della *Germania Inferior* Vitellio si proclamò imperatore e la I *Italica* passò dalla sua parte, discendendo col suo esercito in Italia ad affrontare Otone, succeduto a Galba. Dopo un primo scontro avvenuto il 14 aprile, l'esercito di Vitellio (composto da V *Alaudae*, I *Italica* e XXI *Rapax*) sconfisse quello di Otone (formato dalla guardia pretoriana, dalla XIII *Gemina* e dalla I *Adiutrix*) nella prima battaglia di *Bedriacum*. La I *Italica* fu la più coraggiosa di tutte le unità presenti sul campo di battaglia, tanto che all'ingresso di Vitellio a Roma la sua *aquila* fu una delle *quattuor legionum aquilae* a partecipare alla sfilata per le strade cittadine.

Intanto un nuovo pretendente al trono imperiale si era fatto avanti, il comandante delle legioni orientali Tito Flavio Vespasiano, che ottenne anche il sostegno delle legioni danubiane. Quando l'esercito di Vitellio lasciò Roma per andare incontro al nemico, alla fine della colonna erano la I *Italica*, la XXI *Rapax* e le vessillazioni delle legioni britanniche, inviate in anticipo a Cremona da Cecina.

Senza comandante, a seguito di un fortunato scontro della loro cavalleria, le legioni britanniche uscirono dalla città, ma furono sconfitte dalle truppe di Vespasiano guidate da Vipstano Messalla e costrette a tornare entro le mura cittadine.

Nel frattempo sopraggiunsero la I *Italica* e la XXI *Rapax*, che si gettarono nottetempo nella mischia per aiutare i loro camerati; nella confusione e nell'oscurità persero di coesione, furono sconfitte e deposero le armi (seconda battaglia di *Bedriacum*, 24 ottobre).

Subito dopo la vittoria, Vespasiano disperse per tutto l'impero le legioni di Vitellio; la I *Italica* fu mandata in Mesia, dove il nuovo governatore, Gaio Fonteio Agrippa, la tenne impegnata in una guerra assieme ad altre legioni di Vitellio di dubbia lealtà a Vespasiano.

L'esercito mesico subì una cocente sconfitta nell'inverno 69- 70 per mano dei Sarmati che avevano invaso la provincia, e Agrippa fu ucciso in questa occasione.

Dopo che il nuovo governatore Rubrio Gallo riuscì a scacciare i Sarmati dalla Mesia, le truppe, sia legioni che ausiliari, furono riorganizzate, e la I *Italica* fu spostata (o rimase) a *Novae* (Svishtov, Bulgaria). La legione rimase a *Novae* per secoli, come attestato anche *dall'Itinerarium Antonini* (221.4), dalla *Geographia Ravennatis* (187.7 e 189.10) e dalla *Notitia dignitatum* (*orientalis* xl.30 e 31); basata a *Novae*, la legione presidiava diversi piccoli presidi sparsi per la provincia le città di *Almus* (Lom, Bulgaria) e *Troesmis* (Romania). Poche sono le tegole col bollo laterizio legionario, mentre sono numerosi i mattoni con lo stesso bollo.

Un altare dedicato al *Bonus Eventus*, proveniente probabilmente dal tempio delle insegne legionarie, fu eretto dal *primus pilus* della legione nel 182; un altro altare a Liber Pater, sempre dallo stesso tempio, fu dedicato da un altro *primus pilus*; un terzo *primus pilus* dedicò ancora un altro altare

dis militaribus genio virtuti aquiliae sanct(ae) signisque

(*Agli dei militari, al Genio della Virtù, alla sacra* aquila *e agli stendardi*) il 20 settembre 224, l'anniversario della creazione della legione.

La legione combatté su quei confini nelle guerre di Domiziano e, con Traiano, partecipò alla conquista della Dacia.

▲ Moneta di Vitellio celebrante la vittoria su Otone nella prima battaglia di Bedriacum

Durante l'impero di Marco Aurelio difese i confini contro Quadi e Marcomanni e con Settimio Severo si spostò in oriente per battersi con i Parti, ricevendo anche il titolo di *Severiana*.

Durante il III secolo, e in particolare durante la seconda metà del periodo, il personale della I *Italica* era promosso al *praetorium* alquanto frequentemente;
Questo trattamento preferenziale della legione sarebbe dovuto all'origine delle reclute, per lo più Traci, ben noti all'epoca per la loro ferocia in battaglia; per questo motivo un distaccamento della legione, assieme alla legione gemella XI *Claudia* entrò poi a far parte del *comitatus* in epoca dioclezianea, mentre all'epoca di Costantino I furono incorporate tra le truppe di palazzo, le *legiones palatinae*. I *Primani* della *Notitia Dignitatum* (*orientalis* VI.5 = 45) e gli *Undecimani*, le vecchie I *Italica* e XI *Claudia*, furono le uniche unità provenienti dall'antico esercito danubiano. È possibile che la *primanorum legio* nell'esercito di Giuliano nel 357 vada identificata con la I *Italica*.
La *Notitia dignitatum* indica che all'inizio del V secolo la I *Italica* faceva la guardia ad entrambe le sponde del Danubio, con fortezze a *Novae* e dall'altra parte del fiume a *Sexagintaprista*, per il tratto della Mesia inferiore.

LEGIO IIII *MACEDONICA.*

Emblema: Toro.

Segno zodiacale: capricorno.

Fondazione: Giulio Cesare, 48 a.C.

Area di reclutamento: Italia e *Hispania*.

Guarnigioni: Juliobriga, Mogontiacum

Campagne e Battaglie: Filippi, 42 a.C.
Ad Castores, 69;
prima battaglia di *Bedriacum*, 69
seconda battaglia di *Bedriacum*, 69;
battaglia di Cremona, 69;

La Legio IIII *Macedonica* fu creata da Gaio Giulio Cesare nel 48 a.C. e sciolta nel 70 da Vespasiano. I simboli della legione erano il toro e il capricorno, simboli dei legami con Cesare e Ottaviano.
Cesare formò la IIII legione con legionari italici in occasione della guerra civile contro Pompeo: dopo aver attraversato il Rubicone, il futuro dittatore a vita creò la IIII legione prima di attraversare l'Adriatico e inseguire i suoi nemici in Grecia. La *Legio* IIII entrò in azione nella battaglia di *Dyrrhachium* (48 a.C.) e in quella di Farsalo, nella quale Cesare sconfisse Pompeo.
Dopo la fine della guerra civile la legione fu inviata in Macedonia: per tale servizio ricevette il *cognomen Macedonica*.
Ottaviano utilizzò la legione IIII del padre adottivo prima contro i suoi assassini alla battaglia di Filippi (42 a.C.) e poi contro Marco Antonio nella battaglia di Azio (31 a.C.). Divenuto ormai l'unico padrone di Roma, Ottaviano riorganizzò l'esercito, inviando la IIII *Macedonica* in *Hispania Tarraconensis* (30 a.C.), per partecipare alle guerre cantabriche. Dopo la vittoria, ottenuta solo nel 13 a.C., la legione rimase nella provincia, anche se vessillazioni della IIII furono inviate in tutta la penisola iberica.
Nel 43 l'imperatore Claudio organizzò una campagna per la conquista della Britannia e portò con

▲ La testudo applicata nell'assedio di una città da un altorilievo della colonna traiana.

sé alcune legioni: la *Macedonica* venne trasferita a Mogontiacum (moderna Magonza) in Germania Superiore, per occupare il campo della XIIII *Gemina*. Nell'Anno dei quattro imperatori (69), la IIII *Macedonica* e la XXII *Primigenia* sostennero Vitellio, governatore della *Germania Superior*, prima contro Otone e poi contro Vespasiano, che sarebbe poi divenuto imperatore. L'anno non era terminato che la rivolta batava scoppiò, impegnando per diversi mesi cinque legioni romane e causando la resa di quattro di loro. La IIII difese *Moguntiacum* agli ordini di Quinto Petillio Cereale, ma Vespasiano ne ordinò lo scioglimento, non tanto perché avessero demeritato nell'affrontare i ribelli, ma piuttosto per il loro sostegno a Vitellio; poco dopo, la legione fu ricostituita col nome di *Legio* IIII *Flavia Felix*.

LEGIO V ALAUDAE.

Emblema: Elefante.
Segno zodiacale: Cancro (?)
Fondazione: Cesare, 52 a.C.
Area di reclutamento: Gallia Transalpina.
Guarnigioni: *Hispania Tarraconensis, Germania Superior, Castra Vetera II*, Dacia.

Campagne e Battaglie: Azio (?) 31 a.C.;
Clades lolliana 17- 16 a.C.,
prima battaglia di *Bedriacum*, 69;

seconda battaglia di *Bedriacum*, 69;
battaglia di Cremona, 69;
guerra dacica di Domiziano, 86 (viene distrutta).

La *Legio* V *Alaudae*, nota anche come V *Gallica*, fu creata da Giulio Cesare nel 52 a.C., composta da Galli transalpini. Il soprannome *Alaudae* ("allodole") deriva dalla cresta di penne di allodola che decorava gli elmi dei legionari.

La V *Alaudae* fu la prima legione romana composta da soldati provinciali (*paeregrini*), arruolati tra i nativi Galli. Inizialmente Cesare pagò i legionari con i suoi averi, ma la legione fu poi riconosciuta dal Senato romano. Prima di venire trasferita in Spagna, la V *Alaudae* partecipò alle guerre galliche e alla guerra contro Pompeo dando prova di essere una delle legioni più coraggiose di Cesare. Si racconta, infatti, che nel corso della battaglia di Tapso, dopo aver sostenuto e respinto con grande coraggio un attacco di grandi pachidermi africani, alla stessa fu dato come simbolo, proprio l'elefante.

Come premio, i suoi legionari ricevettero la cittadinanza romana.

La V *Alaudae* combatté poi per Marco Antonio dal 41 a.C. al 31 a.C. e, probabilmente, prese parte alla battaglia di Azio. Dopo il suicidio di Antonio, la legione entrò a far parte dell'esercito di Ottaviano (30 a.C.).

Dopo la battaglia di Azio fu posizionata prima nella Gallia Aquitania e poi lungo la frontiera renana dal 19 a.C., dove rimase fino al 69 d.C.

Nel 17- 16 a.C., sotto il comando di Marco Lollio, fu sconfitta da alcune popolazioni germaniche, i Sigambri, gli Usipeti, e i Tencteri, perdendo anche l'*aquila*.

La *clades lolliana* fu, dopo la *clades variana*, la più grave sconfitta subito dai romani durante il principato di Augusto.

Nel 69 prese parte alla seconda battaglia di *Bedriacum*.

Incerta è la data di scomparsa di questa legione, che sembra sia stata distrutta o durante la campagne daciche di Domiziano (nell'86), oppure pochi anni più tardi ad opera dei sarmati iazigi nel 92 durante la seconda fase della guerra suebo-sarmatica, come avvenne alla XXI *Rapax*.

LEGIO XXI RAPAX.

Emblema: cinghiale (?).

Segno zodiacale: capricorno.

Fondazione: Giulio Cesare, 49 a.C.

Area di reclutamento: Gallia, poi Siria.

Guarnigioni: *Gallia Transalpina*, Rezia, Pannonia, *Castra Vetera* II, Vindonissa, Bonna, Mogontiacum, Danubio.

Campagne e Battaglie: Conquista della Rezia, 15 a.C.;
guerre pannoniche, 6- 9;
campagne di Germanico sul Reno ed Elba, 14-16;
battaglia di *Idistavisus*, 16;
battaglia del Weser, 17;
prima battaglia di *Bedriacum*, 69;
seconda battaglia di *Bedriacum*, 69;

battaglia di Cremona, 69;
battaglia di *Rigodulum*, 70;
battaglia di *Augusta Teverorum*, 70;
battaglia di *Castra Vetera*, 70;
campagna dacica di Domiziano, 86-89.

La Legio XXI *Rapax* (*Predatrice*), venne arruolata nel 49 a.C. da Cesare e ricostituita nel 31 a.C. da Ottaviano, forse con uomini in precedenza già arruolati in altre legioni. La XXI *Rapax* venne distrutta nel 92 dai Sarmati in Pannonia. L'emblema della legione era il Capricorno, segno zodiacale di Ottaviano. Ottaviano Augusto inviò la sua nuova XXI legione nell'*Hispania Tarraconensis* per combattere in una campagna contro i Cantabri.

Nel 15, Claudio Nerone Druso sconfisse senza perdite, grazie ad uno stratagemma, un nutrito esercito di Reti, fondandovi una statio di rifornimento denominata "*Pons Drusi*" (oggi Bolzano); la legione venne messa di stanza a Ratisbona in Rezia.

Dopo il disastro della battaglia della Foresta di Teutoburgo, la *Clades variana*, la legione venne mandata come rinforzo nella *Germania Inferior*, dove divise il campo di *Castra Vetera* II, l'attuale Xanten, con la V *Alaudae*. Nel 43, venne spostata a *Vindonissa* (Windisch) nella provincia della *Germania Superior*.

Assieme al resto dell'armata che controllava il confine germanico, la XXI *Rapax* appoggiò il suo comandante, Vitellio, nell'"Anno dei quattro imperatori" (69) e marciò su Roma per assediarla. Vitellio comunque, venne sconfitto da Vespasiano prima della fine dell'anno.

Nel 70, la legione era parte dell'armata inviata a contrastare la Rivolta Batava e a liberare le quattro legioni imprigionate da Gaio Giulio Civile. Dopo questo episodio la legione venne mandata nella Germania Superior, dove condivise il campo base di *Mogontiacum* (Magonza) con la XIV *Gemina*.

Nell'89, le legioni di *Mogontiacum* sostennero il loro comandante, Lucio Antonio Saturnino, nella sua rivolta contro l'imperatore Domiziano. Dopo la fine di questa insurrezione, le legioni vennero separate e la XXI *Rapax* venne mandata in Pannonia, dove ebbe probabilmente come legato Cornelio Tacito, probabilmente tra l'89 e il 92, prima dell'annientamento della legione[3].

Fu in Pannonia che *Rapax* venne la distrutta, insieme alla V *Alaudae*, durante la rivolta dei Sarmati nel 92.

Legio *XXII Primigenia Pia Fidelis*

Emblema: Aquila.

Segno zodiacale: Capricorno.

Fondazione: Gaio Caligola, 39.

Area di reclutamento: probabilmente province orientali dell'impero.

Guarnigioni: *Mogontiacum*, Roma (*vexillatio*), *Castra Vetera* II, *Mogontiacum*.

Campagne e Battaglie: prima battaglia di *Bedriacum*, 69;
seconda battaglia di *Bedriacum*, 69;
battaglia di Cremona, 69;
Rivolta di Giulio Civile, 70;
campagna di Domiziano contro i Chatti (?), 83.

La *Legio* XXII *Primigenia* fu una istituita da Gaio Caligola nel 39, ed era ancora presente a *Moguntiacum*

---
3 Dando-Collins, *Legion of Rome*, cit., p. 183.

(Magonza) all'inizio del IV secolo. I simboli erano il capricorno ed Ercole, quest'ultimo non più attestato a partire dal terzo secolo.

La XXII *Primigenia* venne costituita da Caligola assieme alla gemella XV *Primigenia* in vista di una probabile campagna in Germania. I numeri delle due legioni furono probabilmente scelti in riferimento a due legioni già presenti sul territorio germanico: la XIIII *Gemina*, di stanza a *Mogontiacum* dal 13 a.C., in *Germania Superior* e la XXI *Rapax*, di stanza dal 9 d.C. a *Castra Vetera* II, l'odierna Xanten nella *Germania Inferior*. Le due nuove legioni costituite da Caligola si sarebbero dovute affiancare a quelle già presenti sul *Limes*. Secondo quanto riporta Svetonio, Caligola fece schierare il suo esercito sulla riva del mare, fronteggiando l'oceano, in assetto da battaglia, ordinando poi ai suoi uomini di raccogliere le conchiglie[4].

Al di là del racconto di Svetonio, i ritrovamenti archeologici testimoniano che la campagna dell'imperatore non fu del tutto inoffensiva: le due legioni appena costituite attraversarono le Alpi e poi il Reno, affrontando il nemico a Wiesbaden.

La XXII *Primigenia* venne stanziata a *Mogontiacum* (Magonza) nella *Germania Superior* a guardia del *limes* germanico, sul confine del Reno, nello stesso campo della IIII *Macedonica*, una legione veterana proveniente dalla *Hispania*. Probabilmente la XXII prese parte alla vittoriosa campagna di Aulo Gabinio Secondo, che strappò ai Chatti le aquile che questi avevano preso alle legioni di Varo nella battaglia di Teutoburgo, oppure alla campagna, sempre contro i Chatti, che vide vittorioso Servio Sulpicio Galba nei pressi di *Mogontiacum*.

Assieme al resto dell'esercito germanico, la XXII sostenne Vitellio durante l'Anno dei quattro imperatori (69). Avvenne infatti, come i è già detto in precedenza, che in occasione della simultanea sollevazione di più pretendenti al trono contro Nerone, l'esercito della *Germania inferior* (costituito dalle legioni I *Germanica*, V *Alaudae*, XV *Primigenia* e XVI *Gallica*) avessero sedato la rivolta di Gaio Giulio Vindice in Gallia, prima che Galba, alleato di Vindice, riuscisse a farsi riconoscere imperatore dal Senato romano. Per evitare la punizione del nuovo imperatore, le legioni di Germania decisero di acclamare un proprio imperatore, Vitellio appunto, inducendolo a marciare su Roma.

L'*aquila* della XXII fu tra quelle portate in trionfo all'ingresso di Vitellio nella capitale, ma tale situazione durò poco, finché dall'oriente non giunse Antonio Primo, , con l' esercito di Vespasiano, che conquistò il trono per il suo imperatore dopo aver sconfitto l'esercito di Vitellio nella seconda battaglia di *Bedriacum*.

Tornata sul Reno, durante la Rivolta batava del 70 la *Primigenia* fu l'unica legione germanica a sopravvivere agli attacchi dei ribelli, difendendo strenuamente ma inutilmente il proprio campo agli ordini di Gaio Dillio Vocula. Alla fine della rivolta fu trasferita prima a *Vindobona* (Vienna) e poi a *Castra Vetera II* (Xanten). La vittoria contro l'usurpatore Lucio Antonio Saturnino, ottenuta nell'89 assieme all'esercito della *Germania Inferior* contro quello della *Germania Superior*, fece guadagnare alla XXII e alle altre legioni (I *Minervia*, VI *Victrix*, X *Gemina*) la gratitudine dell'imperatore Domiziano e il titolo *Pia Fidelis Domitiana*, ridotto a *Pia Fidelis* alla morte dell'imperatore. Nella legione prestarono servizio due futuri imperatori: nel 97-98 Publio Elio Traiano Adriano come *tribunus militum*, e Didio Giuliano come ufficiale nel 170-171.

---

4   Svet. *Vita Caligulae*, 46.

▲ Legionari armati di *pilum* e *scutum* schierati accanto al *signum* del proprio manipolo. Indossano elmi gallico - imperiali e la lorica segmentata (il nome latino è sconosciuto) di tipo Corbridge A.

DALLA MORTE DI NERONE ALLA PRIMA BATTAGLIA DI BEDRIACUM

Iamque equites appropinquabant, quibus praeceptum erat ut vivum eum adtraherent. Quod ut sensit, trepidanter effatus: "Ἵππων μ' ὠκυπόδων ἀμφὶ κτύπος οὔατα βάλλει" *ferrum iugulo adegit iuvante Epaphrodito a libellis.*

(Suet. Nero, 49,3)[1]

---

1 È già si avvicinavano i cavalieri che avevano ricevuto l'ordine di prenderlo vivo. Quando li udì esclamò spaventato: "I cavalli dagli zoccoli veloci feriscono le mie orecchie" E con l'aiuto del segretario Epafrodito si portò il pugnale alla gola.

Nel 68 d.C. il governo del mondo romano era, da 14 anni, nelle mani di Lucio Domizio Enobarbo, ovvero Tiberio Claudio Cesare Germanico Nerone, il quale si era oramai ritirato in un mondo tutto proprio, circondato da profittatori e adulatori di professione, come il prefetto del Pretorio Ofonio Tigellino.

La sua burocrazia accoglieva sempre in maggior numero Greci e Orientali: basti qui ricordare i due prefetti d'Egitto, Balbillo, un astrologo alessandrino, e Tiberio Alessandro, un ebreo apostata. Anche ai liberti, contrariamente alle promesse, erano continuati a dare posti di grande responsabilità: la flotta del Miseno, la prefettura dell'annona, il governo della Giudea, ecc., ebbero spesso funzionari liberti. Al contrario gli oppositori vagheggiavano un ritorno alla repubblica o almeno a un principato rispettoso delle tradizioni romane e del ruolo degli *optimates*.

Una congiura in questo senso venne scoperta nel 65. Vi aderirono senatori, cavalieri, intellettuali (tra cui Anneo Lucano e forse suo zio Lucio Anneo Seneca), militari, tra cui il prefetto del pretorio Fenio Rufo, geloso del collega Ofonio Tigellino. Il capo della congiura era Gaio Calpurnio Pisone, romano di antica nobiltà, famoso oratore, generoso protettore di artisti. Tutti i congiurati erano d'accordo nella necessità di sopprimere Nerone: non altrettanto nel modo di sostituirlo, alcuni pensando a Pisone successore, altri a Seneca, altri volendo francamente la repubblica. Ma i dissensi non ebbero modo di manifestarsi. La congiura, per l'imprudenza di una liberta, Epicharis, a conoscenza del segreto, era svelata: tutti i congiurati furono conosciuti. Alcuni, come Pisone, furono uccisi, altri ebbero tempo di uccidersi e affrontarono la morte con la serena intrepidità che lo stoicismo aveva loro insegnato,

▲ La morte di Nerone, di Vasiliy Smirnov - 1888

come Lucano e Seneca. In totale 19 persone furono uccise e 13 esiliate, senza contare le persone coinvolte più tardi e indirettamente, perché questa congiura accrebbe naturalmente la sospettosità di Nerone e favorì l'inizio di un regime di polizia durissimo, organizzato da Tigellino. Tra le vittime di questi sospetti furono Petronio Arbitro e Trasea Peto, il senatore che celebrava con ghirlande e libagioni gli anniversari della nascita di Bruto e di Cassio. Tuttavia l'opposizione non era ancora domata, perché nel 66 venne scoperta una nuova congiura, detta *viniciana* da Annio Viniciano, che aveva sposato la figlia di Corbulone, il generale che aveva conquistato l'Armenia[1]. Da questa congiura furono travolti, oltre che Corbulone, anche i generali della Germania superiore e inferiore, Scribonio Rufo e Scribonio Proculo, come Corbulone allontanati dai loro eserciti senza che nulla trapelasse dei sospetti sul loro conto e poi messi nel dilemma tra il suicidio e la condanna a morte.

Gli eserciti tuttavia, nonostante questa ostilità dei capi, non si muovevano ancora.

Nel 66, sotto l'impressione delle feste trionfali per la sottomissione del re d'Armenia Tiridate, Nerone si diede a organizzare tutto un complesso di grandi imprese, che noi conosciamo soltanto in parte, essendo state troncate dalla sua morte. Ma, mentre l'imperatore arruolava per la guerra contro i parti una nuova legione di truppe sceltissime (la I Legio *Italica*) a cui diede il soprannome

▲ Busto di Poppea, sposa prima di Salvio Otone, futuro imperatore, e poi di Nerone.

di *falange di Alessandro Magno*, e vagheggiava spedizioni nel Caucaso e forse in Etiopia, dove erano stati inviati come esploratori due centurioni pretoriani che sembra abbiano raggiunto le paludi del *Sudd*, nell'odierno Sudan meridionale, cambiò repentinamente idea e decise di compiere un viaggio in Grecia.

Pensando che soltanto in Grecia potesse soddisfare il suo animo artistico, e che solo gli elleni, e non i rozzi romani, lo avrebbero apprezzato come meritava, Nerone organizzò un viaggio nella penisola ellenica (66-67), durante il quale prese parte ai giochi istmici e vi proclamò la libertà della Grecia, rientrando poi in Italia con più di 1.800 premi, cosa che peggiorò la situazione accrescendo il malcontento nelle altre province.

Giulio Vindice, governatore della *Gallia Lugdunensis*, disgustato dalle stramberie di Nerone, inviò una lettera al governatore dell'*Hispania Tarraconensis*, Servio Sulpicio Galba, proponendogli di impadronirsi del potere.

Egli accusava Nerone non solo di non saper governare, ma anche di essere un pessimo musicista. Malgrado l'appello di Vindice cadesse per il momento nel vuoto, esso aprì una nuova era nella storia romana, facendo entrare il trono imperiale nella sfera d'interesse delle legioni.

---

1   Gneo Domizio Corbulone combatté in Germania vittoriosamente contro i Cauci (47) sotto l'imperatore Claudio. Nerone gli affidò il comando della guerra contro i Parti. Corbulone nel 58 invase l'Armenia e occupò Artaxata e Tigranocerta, restaurando il regno vassallo che fu affidato a Tigrane. Quando Cesennio Peto, il quale gli era successo nel comando, fu sconfitto dai Parti nel 62, Corbulone riuscì a risolvere, senza venire a un nuovo conflitto, il dissidio con loro. Accusato di aver preso parte alla congiura di Viniciano, dovette uccidersi.

Da principio il complotto per rovesciare Nerone fallì: le legioni della *Germania Superior*, agli ordini del governatore Lucio Virginio Rufo entrarono nella *Gallia Lugdunensis*, sconfissero e massacrarono Vindice e i suoi seguaci nella battaglia di *Vaesontium*.

Negli anni di regno di Nerone la situazione militare dell'Impero era rimasta buona per la fedeltà dell'esercito che solo all'ultimo venne meno. Nel 58 Corbulone aveva riconquistato ai Parti l'Armenia; quando il re dei Parti l'invase di nuovo nel 61, Nerone scese a patti e ottenne nel 63 che il re d'Armenia proposto dai Parti, Tigrane si riconoscesse vassallo di Roma. Poco dopo, coll'annessione alla provincia di Galazia del regno vassallo del Ponto, migliorò la situazione militare del Mar Nero. In Britannia, qualche anno prima, nel 60- 61, il legato Svetonio Paolino aveva domata la rivolta della regina degli Iceni, Budicca, non prima però che venissero distrutte *Camolodunum* (Colchester) e *Londinium* (Londra) ed i loro abitanti massacrati.

Nel 66, scoppiata la ribellione giudaica, Tito Flavio Vespasiano venne mandato a domarla con un forte esercito.

L'opposizione a Nerone si era oramai estesa anche ai comandanti delle legioni, che erano di estrazione senatoria: la rivolta di Giulio Vindice nella Gallia fu presto domata, ma l'esercito del Reno acclamò a sua volta imperatore Virginio Rufo, che però rifiutò la porpora, adducendo il fatto di essere di umili origini, e non degno di essere il successore del Divo Augusto.

Quando le notizie di quanto stava avvenendo sul Reno giunsero a Roma, la guardia pretoriana mostrò subito un grande interesse per la cosa, ed il prefetto del Pretorio, Gaio Ninfidio Sabino, offrì ai pretoriani un ingente donativo di 7.500 *denarii* a nome di Galba. L'avidità si dimostrò più forte della fedeltà a Nerone, e i pretoriani acclamarono Galba imperatore; l'otto giugno del 68 il Senato ratificò il colpo di Stato, offrendo la porpora imperiale a Galba, che accettò, e dichiarando Nerone *hostis*, nemico pubblico[2].

Persa ogni speranza, Nerone, abbandonato da tutti, fuggì nella notte nella villa del suo liberto Faonte, a quattro miglia da Roma, tra la via Salaria e la Nomentana, presso l'attuale località di Vigne Nuove, dove si fece uccidere dal liberto Epafrodito.

Svetonio riporta come, prima di morire, abbia pronunciato la celebre frase: *Qualis artifex pereo!* (Quale artista perisce con me). Fu sepolto dalla liberta Atte, che fu sempre sua amante devota, e la sua tomba per lungo tempo venne coperta di fiori dal popolo, quello stesso popolo romano che lo rimpiangeva apertamente[3], segno di una popolarità persistente, e che lascia intravvedere un Nerone assai meno impopolare di quanto sostenuto dalla storiografia a lui avversa.

Finì con lui la dinastia Giulio-Claudia.

Il legato di *Lusitania*[4], Marco Salvio Otone, discendente di una nobile famiglia di origine etrusca, era un vecchio amico e compagno di scorribande notturne di Nerone, con il quale aveva rotto l'amicizia quando l'imperatore gli aveva sottratto la moglie, Poppea Sabina- che avrebbe sposata- e lo aveva relegato sulle rive dell'Atlantico, in un vero e proprio esilio, aveva subito appoggiato Galba, anche per la speranza che questi lo adottasse, e, dato che il nuovo imperatore aveva superata la settantina, lo associasse al trono o lo nominasse erede.

Le sue speranze però si rivelarono infondate, e Otone si rivolse allora ai pretoriani, ai quali non era stata ancora corrisposta la somma promessa da Ninfidio Sabino per appoggiare Galba- il quale

---

2 Galba aveva già emesso un proclama da *Carthago Nova* il due aprile, in cui, pur senza assumere il titolo di imperatore si autoproclamava rappresentante del Senato e del popolo romano.

3 *Et tamen nori defuerunt qui per longum tempus vernis aestivisque floribus tumulum eius ornarent ac modo imagines praetextatas in rostris proferrent, modo edicta quasi viventis et brevi magno inimicorun malo reversuri.* (Svet., Ner., LVII)   E tuttavia non mancarono quelli che, per parecchi anni adornarono di fiori la sua tomba, in primavera e in estate, e che esposero sui rostri ora le immagini di lui vestito di pretesta, ora gli editti con i quali annunciava, come se fosse vivo, il suo prossimo ritorno per la rovina dei suoi nemici.

4 Od. Portogallo

aveva anzi provveduto a sostituire Sabino dalla carica di prefetto del Pretorio con Cornelio Lacone, e aveva affermato che era abituato a scegliere i propri soldati, non a pagarli- ed offrì loro un ingente donativo in denaro.

Il pretoriani infransero nuovamente il proprio giuramento di fedeltà, e uccisero Galba il 15 gennaio del 69, decapitandolo e portandone la testa a Otone, che si trovava nei *Castra Praetoria*.

Galba, uomo austero e tutt'altro che generoso, non era molto popolare tra i soldati. Quando divenne imperatore, le legioni renane rifiutarono di prestargli giuramento di fedeltà, e ancora una volta offrirono la corona imperiale a Virginio Rufo, e questi, ancora una volta, rifiutò.

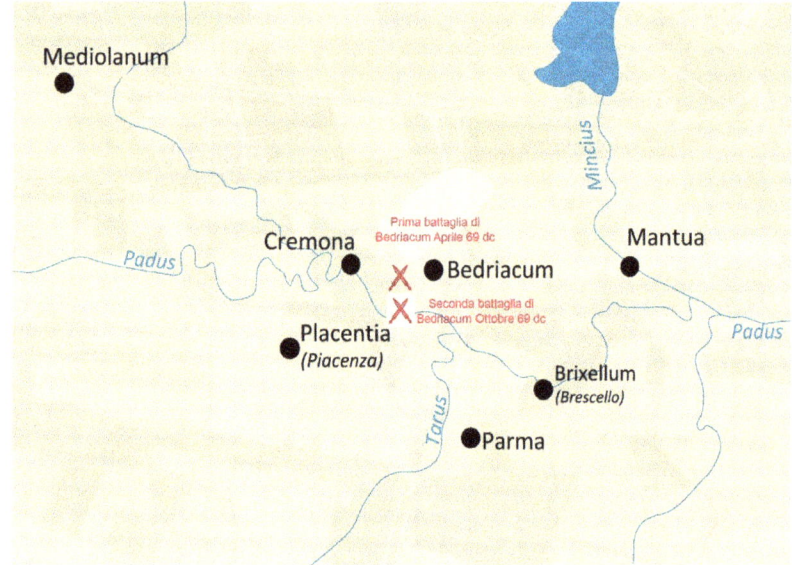

▲ Mappa della zona coinvolta nelle due campagne di Bedriacum
▶ Moneta con il ritratto di Aulo Vitellio

In questa occasione, però, Rufo apparve esitante nel rifiutare la porpora, e Galba, che dubitava della fedeltà del legato, ne ordinò il ritorno immediato a Roma.
Lungi dal sottomettersi, le legioni del Reno si rivolsero al Senato, chiedendo di nominare un altro- chiunque altro!- imperatore al posto di Galba.
Poco dopo aver rivestito la porpora imperiale Galba nominò Aulo Vitellio governatore della *Germania Superior*. Fu la scelta infelice di un uomo inadatto. Vitellio era un ubriacone e un crapulone, totalmente privo di doti di comando.
E fu a quest'uomo che le legioni di Germania offrirono la corona imperiale: se Virginio Rufo aveva rifiutato adducendo le proprie umili origini, l'aristocratico Vitellio non aveva remore di tal genere.
La notizia che i pretoriani avevano ucciso Galba giunse in Germania troppo tardi. Tre eserciti erano già in marcia alla volta di Roma.
Quello della *Germania Superior* al comando di Aulo Cecina Alieno comprendeva la V legione *Alaudae*, più un numero di *vexillationes* delle altre legioni, rafforzate da *alae* di cavalleria ausiliaria. Dalla *Germania Inferior* mosse Fabio Valente, con la XXI *Rapax*, con altre *vexillationes* e coorti ausiliarie. Questi due eserciti contavano in totale 70.000 uomini, mentre un terzo esercito comandato dallo stesso Vitellio marciava in retroguardia con altri 30.000 legionari.
Nel frattempo, tutte le province si pronunciarono a favore di Vitellio, acclamato imperatore da tutte le legioni dalla Britannia all'*Hispania*.
Otone, disperato, inviò messaggi alle legioni del Danubio, e, raccolte tutte le forze disponibili, compresi i pretoriani e le coorti urbane, ma anche un buon numero di gladiatori liberati ed arruolati, risalì la penisola in direzione della valle del Po.
Dei due eserciti che Vitellio aveva mandati in Italia dal *limes* renano quello comandato da Aulo Cecina Alieno, giunto per primo in Italia, occupò tutto il territorio transpadano sino a Cremona, dove venne raggiunto dall'esercito della *Germania Inferior* di Fabio Valente. Le truppe di Otone che dovevano impedire ai Vitelliani di oltrepassare la linea del Po erano molto inferiori non solo nel numero (al

massimo forse 35.000 uomini) ma anche nella qualità. Otone accrebbe ancora questa inferiorità con il suo piano di guerra. Le coorti urbane e una piccola parte dei pretoriani furono male utilizzate, impiegate come furono nell'inutile spedizione navale nella Gallia Narbonense, e un altro ingente numero di pretoriani restò inutilizzato con Otone nel quartier generale di *Brixellum* (Brescello), dove servirono da scorta dell'imperatore insieme con un contingente di *speculatores* pretoriani a cavallo[5]; il resto dell'esercito, eccetto il presidio di *Placentia*, si radunò a *Bedriacum*, sulla riva sinistra del Po. Solo duemila gladiatori liberati furono lasciati sulla riva destra del Po di fronte a Cremona, dove sorge l'attuale comune di Castelvetro Piacentino, per impedire il passaggio del fiume ai vitelliani[6]. Ma apparve subito evidente che questi avrebbero

potuto facilmente vincere quella debole resistenza-i gladiatori erano addestrati a combattere in modo spettacolare, ma senza la capacità tecnica e l'efficienza di un legionario- e, passato il Po, tagliare il collegamento di *Placentia* con il resto delle forze otoniane. La superiorità numerica dei Vitelliani avrebbe quindi permesso un rapido accerchiamento degli avversari e lasciato libera la strada per Roma. Otone sarebbe potuto uscire da questa situazione solo ritraghettando le sue truppe sulla riva destra; ma la manovra, estremamente pericolosa, non fu nemmeno tentata. Restava quindi solo da tentar di distaccare i vitelliani dal Po: e ciò volle fare Otone, che decise, malgrado il parere contrario dei suoi migliori generali, Svetonio Paolino, Annio Gallo e Mario Celso, di dare battaglia senza aspettare i rinforzi dall'Illirico e dalla Mesia, incoraggiato anche dal successo ottenuto dai suoi uomini nello scontro presso *Ad Castores*, a dodici miglia da Cremona, dove era stata sventata senza difficoltà un'imboscata preparata da Cecina.

Cecina infatti aveva tentato, dopo aver nascosto nei boschi intorno a *Ad Castores* le coorti ausiliarie, di far cadere in un'imboscata le forze di Paolino e di Celso, utilizzando la propria cavalleria come esca, in modo da provocare il nemico e poi di attirarlo tra i boschi dov'erano nascosti gli ausiliari; ma i comandanti otoniani non caddero nella trappola, e le forze di Paolino e Celso, costituite dalla *vexillatio*

---

5   Gli *speculatores* erano cavalieri particolarmente addestrati destinati a svolgere molteplici ruoli, da quelli di scorta alla raccolta di informazioni alla trasmissione di messaggi: R. M. Sheldon, *Intelligence Activities in Ancient Rome*, London- New York 2008 (tr. it. Gorizia 2010, pp. 274 segg.)

6   E' curioso come il comandante otoniano della piazza di *Placentia*, Vestricio Spurinna (Spuriana/ tardo etr. Spurina), di antichissima famiglia etrusca di Tarquinia- un suo antenato, Velthur, aveva comandato il contingente etrusco, alleato degli ateniesi di Nicia, durante l'assedio di Siracusa del 415- 413 a.C. durante la Guerra del Peloponneso, e il figlio di questi, Aulo (Avile) nel 358-351 aveva sconfitto i romani, sacrificandone 307 nel foro di Tarquinia (Livio, VII,12 e 15-22)- avesse per avversario Aulo Cecina (Caicnas/ tardo etr. Ceicnas), anch'egli di nobile prosapia volterrana (definita da Cicerone la più nobile dell'Etruria intera, *amplissimus totius Etruriae nomen*, Cic. *Pro Caecina*, 104) i cui antenati , come dimostrano l'epigrafia e i ritrovamenti archeologici, avevano rivestito la carica di *zilat*, la massima magistratura cittadina. Per coincidenza, anche lo stesso Otone era di famiglia principesca etrusca (Svetonio scrive *familia vetere et honorata atque ex principibus Etruriae*, *Vit. Oth.*, I). Uno Spurinna, incidentalmente, fu l'aruspice che previde la morte di Giulio Cesare per le idi di marzo (*haruspex Spurinna monuit: "caveret periculum quod non ultra Martia idus proferretur"* : Svet. *Vita divi Julii*, LXXXI) così come Aulo Cecina, esiliato da Cesare in quanto pompeiano, era l'autore di un'opera sull'interpretazione dei fulmini di cui sopravvivono delle citazioni nelle *Quaestiones Naturales* di Seneca. Ciò dimostra l'importanza di cui godevano gli etruschi nella società romana del I secolo. Sugli Spurinna, M(auro) C(ristofari), in *Dizionario illustrato della civiltà etrusca*, Firenze 1999 s.v.; M. Pallottino, *Etruscologia*, 7a ediz., Milano 1984, pp.236 segg., 242 segg.

▲ Pretoriani in tenuta da parata, rilievo in marmo dall'arco di Claudio a Roma, 51 dC (Parigi, Musee du Louvre). I pretoriani indossano l'elmo attico, non usato in battaglia. Le teste dei personaggi in primo piano furono restaurate nel XVII secolo. Si è ipotizzato che il personaggio con l'armatura di lino di stile ellenistico con la testa di Medusa (lymnothorax) possa essere il prefetto del Pretorio Afranio Burro (Rankov 1994).

della XIII legione *Gemina*, tre coorti pretorie, mille cavalieri pretoriani e cinque coorti ausiliarie misero ben presto in rotta gli uomini di Cecina, alzando il morale dei Vitelliani alla vigilia della battaglia decisiva La cavalleria di Cecina provocò gli uomini di Otone a battaglia, e subito si ritirò; Celso la inseguì, per poi trattenerla nei pressi della trappola. Gli ausiliari vitelliani si gettarono all'assalto inconsultamente e, poiché Celso avanzava lentamente, lo attaccarono fino a cadere loro stessi nella morsa dell'esercito di Celso e Paolino. Si trovarono infatti di fronte la legione, ai fianchi gli ausiliari ed alle spalle la cavalleria che li aveva circondati con una veloce manovra.

A dodici miglia da Cremona, in una località detta ad Castores, scrive Tacito, Cecina dispone in agguato, nei boschi che fiancheggiano la strada, i più decisi fra i suoi ausiliari. Il compito assegnato ai cavalieri è di portarsi più avanti, stuzzicare i nemici al combattimento e, con una ritirata volontaria, spingerlo all'inseguimento, finché scattasse l'imboscata. Ma il piano fu svelato ai generali otoniani: Paolino prese il comando della fanteria, Celso dei cavalieri. Un distaccamento della Tredicesima legione, quattro coorti di ausiliari e cinquecento cavalieri prendono posizione sul fianco sinistro; tre coorti pretorie occupano, in file serrate, il rialzo della strada; alla destra marciò la Prima legione con due coorti ausiliarie e cinquecento cavalieri; in aggiunta mobilitano mille cavalieri, fra guardia imperiale e ausiliari, per sfruttare meglio la vittoria e per portare aiuto in caso di difficoltà.

Volgono i Vitelliani le spalle prima di prendere contatto col nemico, ma Celso, che sapeva dell'imboscata, trattenne i suoi. E furono i Vitelliani, balzati fuori a sproposito e messisi per un buon tratto all'inseguimento di Celso che manovrava in lenta ritirata, a cadere nella trappola, perché avevano le coorti ai fianchi e frontalmente i legionari, mentre con rapida manovra i cavalieri li avevano cinti alle spalle. Svetonio Paolino però non diede subito ai fanti il segnale d'attacco: temporeggiatore per natura, portato a preferire interventi lucidamente studiati che successi fortunosi, faceva riempire le fosse, sgomberare il piano da ostacoli, spiegare i reparti, convinto che non è tardi per cominciare a vincere, quando si è provveduto a non esser vinti. Ma il ritardo consentì ai Vitelliani di rifugiarsi dentro il fitto intrico di tralci di un vigneto, contiguo a un piccolo bosco, dal quale osarono un contrattacco, uccidendo i cavalieri pretoriani più animosi. Rimase ferito il re [Antioco IV] Epifane, mentre si prodigava in combattimento per Otone.

A questo punto parte all'attacco la fanteria otoniana: travolge il fronte avversario e ricaccia in fuga anche i rincalzi. Cecina infatti non aveva gettato in battaglia tutte le coorti insieme, bensì una alla volta, decisione che accrebbe lo scompiglio, perché venivano travolti dal panico dei fuggitivi i reparti che giungevano isolati e deboli, ovunque, di fronte al nemico. Anche nell'accampamento esplose una rivolta perché non venivano mandati tutti insieme in prima linea: mettono in catene il prefetto del campo Giulio Grato, per sospetto di tradimento a favore del fratello, militante nelle file di Otone. E dire che gli Otoniani ne avevano arrestato il fratello, il tribuno Giulio Frontone, con l'identica accusa. Del resto, ovunque, il panico tra chi fuggiva e chi attaccava, sul terreno degli scontri come davanti ai trinceramenti del campo, fu tale che, per concorde valutazione delle due parti, sarebbe stata la fine per Cecina e per tutto il suo esercito[7].

Così, imbaldanzito dal successo, dopo aver sostituito Paolino con il proprio fratello Sesto Tiziano, il quale, insieme al prefetto del Pretorio Licinio Proculo, era il solo che si fosse dichiarato a favore di una battaglia immediata, Otone si preparò a dare battaglia la mattina del 14 aprile.

Lo scontro decisivo avvenne a venti miglia da Cremona, lungo la via Postumia tra *Bedriacum* e il Po. Partendo dalla via Postumia, in quel tratto sopraelevata su un argine per evitare le piene dell'Oglio, l'ordine di battaglia degli Otoniani, comandati dal fratello dell'imperatore, Sesto Tiziano, che come detto sopra aveva sostituito il ben più capace Svetonio Paolino, era il seguente: gli ausiliari, la I legione *Adiutrix*, da poco costituita con marinai in gran parte egiziani, le *vexillationes* delle legioni XIII *Gemina* e XIV, anch'essa denominata *Gemina*, e i gladiatori liberati ed arruolati che avevano varcato il fiume. Vennero impiegate anche cinque coorti pretorie e mille cavalieri pretoriani, schierati in riserva insieme con la cavalleria ausiliaria[8].

Cecina Alieno aveva schierato a cavallo della via Postumia la legione XXI *Rapax*, la legione V *Alaudae*, e le coorti batave.

L'attacco frontale otoniano, sferrato nella direzione della confluenza tra l'Adda e il Po, allora probabilmente assai più vicina a Cremona di ora, tendeva appunto a scalzare i vitelliani dal contatto

---

7 Tacito, *Historiae* II, 21-24.
8 M.P. Speidel, *Riding for Caesar. The Roman Emperors' Horse Guard*, London 1993, p.32.

▲ Particolare dei copricapi dei pretoriani.

con il fiume Oglio che ne assicurava la protezione sui fianchi. Dapprima la cavalleria di Vitellio si diede alla fuga, ma venne fermata dai legionari della I Legio *Italica* che, armi alla mano, costrinsero gli *equites* a tornare a combattere.

L'attacco dei legionari della I *Auditrix*, ex marinai della flotta di Miseno con scarso addestramento da fanteria, fu irruento, tanto da far vacillare e indietreggiare le linee nemiche; i legionari di Otone riuscirono a catturare l'*aquila* della XXI *Rapax* ma i veterani della XXI si raggrupparono, tornarono all'attacco e travolsero gli inesperti legionari della I *Auditrix*, non solo riconquistando l'*aquila* ma uccidendo il legato avversario, Orfidio Benigno. Ora era la volta della *vexillatio* della XIII *Gemina*, con il morale altissimo per la fresca vittoria di *Ad Castores*, che caricò con impeto i legionari della V *Alaudae*, scoprendo così però il fianco dei militi della *vexillatio* della XIV legione, che non li avevano seguiti nell'assalto, rimanendo sulle posizioni di partenza. La XIV era la stessa legione che, nel 61, agli ordini di Paolino, aveva sconfitto nella battaglia che viene detta di Waitling Street un'orda assai superiore per numero di britanni comandati da Budicca[9]; ma combattere gli Iceni non era la stessa cosa che affrontare le legioni del Reno, e gli uomini della XIV *Gemina*, accerchiati dai Vitelliani, furono costretti a ripiegare combattendo verso il proprio accampamento, subendo ingenti perdite. Anche l'attacco della *vexillatio* della XIII *Gemina* fu respinto disastrosamente.

Così Tacito descrive magistralmente la battaglia nelle *Historiae*:

Quello stesso giorno [il 16 aprile, ndA] si presentarono a Cecina, intento a controllare la costruzione del ponte, due tribuni delle coorti pretorie, per chiedergli un colloquio. Si accingeva ad ascoltare le loro proposte e a dare la sua risposta, quando trafelati esploratori gli annunciarono l'arrivo del nemico. Il colloquio coi tribuni rimase interrotto e perciò non si poté stabilire se avessero in mente un agguato, un tradimento o una proposta onorevole. Cecina congeda i tribuni, si precipita a cavallo nel campo e trova già dato il segnale di mobilitazione da Fabio Valente e i soldati in armi. Mentre le legioni sorteggiano l'ordine di marcia, la cavalleria si lancia alla carica. Successe un fatto straordinario: essa sarebbe stata respinta indietro nel campo da un pugno di Otoniani, ma ne impedì la fuga il valore della legione Italica: *con le spade in pugno li costrinse a un dietro-front e a riprendere il combattimento. Le legioni vitelliane presero la loro posizione sul campo con la massima calma: infatti densi filari di alberi nascondevano alla vista le armi del nemico, peraltro vicino. Dalla parte degli Otoniani, comandanti*

---

9 Anche se la cifra di 230.000 britanni data da Dione Cassio è sicuramente esagerata. Sulla battaglia di Watling Street, N. Fields, *Boudicca's Rebellion. The Britons rise up against Rome*, Oxford 2011, pp.66 segg.

sbigottiti, ostili a essi i soldati, carriaggi e vivandieri mescolati alla truppa lungo una strada fiancheggiata da profondi fossati e stretta anche per una marcia tranquilla. Chi si stringe attorno alla propria insegna, chi la cerca; ovunque un confuso vociare di gente che accorre, che va e viene: guidati dal coraggio o dalla paura, si precipitavano in prima fila oppure si lasciavano riassorbire nell'ultima.

I loro animi, storditi da panico improvviso, ebbero un momento di infondata gioia, mutatasi poi in scoramento: si scoprì che chi aveva parlato di ammutinamento nell'esercito di Vitellio aveva mentito. Di questa voce non si poté mai chiarire se fosse propalata dalle spie di Vitellio o invece nata tra le file otoniane con intento doloso oppure per caso. Svanì ogni combattività fra gli Otoniani, essi salutarono addirittura il nemico. Un mormorio ostile accolse quel gesto e, non conoscendo i più il motivo del saluto, temettero un tradimento. In quel momento li investì l'urto dell'esercito nemico, avanzante a file serrate, superiore di forze e di numero. Benché coi reparti in disordine, meno numerosi e stanchi, gli Otoniani ingaggiarono la lotta con vigore. Su un terreno ingombro di alberi e vigneti, essa ebbe aspetti diversi: scontri ravvicinati e a distanza, movimenti di masse scomposte e manovre in limpide formazioni a cuneo. Sul rialzo della via, a stretto contatto, si urtavano coi corpi e con gli scudi e, lasciati a terra i pila, sfondavano, con spade e scuri, elmi e corazze. Quei soldati si conoscevano fra loro e, sotto gli occhi di tutti gli altri, combattevano per le sorti dell'intera guerra.

Si deve al caso se, in aperta campagna, fra il Po e il tracciato della strada, si scontrarono due legioni, per Vitellio la Ventunesima, soprannominata Rapax e famosa per antica gloria, mentre per la parte di Otone la Prima Auditrix, non ancora provata in battaglia, ma fiera e avida di onori, nuovi per lei. I soldati della Prima legione, spazzata via la prima linea della Ventunesima, le strapparono l'aquila; ma, spronata dal dolore, la legione investì, al contrattacco, i legionari della Prima, uccise il comandante Orfidio Benigno e strappò al nemico parecchie insegne e vessilli. In un'altra parte del fronte, la Tredicesima legione fu respinta dall'assalto della Quinta e i soldati della Quattordicesima si trovarono circondati dall'accorrere di forze soverchianti. I generali di Otone s'erano già dati alla fuga, quando ancora Cecina e Valente impiegavano le riserve in appoggio dei loro uomini. Arrivò per loro un nuovo aiuto, Alfeno Varo coi suoi Batavi, reduci dall'aver sgominato il gruppo di gladiatori, i quali, varcato su barche il fiume, s'erano fatti trucidare ancora in acqua dalle coorti, che li aspettavano sulla riva opposta: freschi di questa vittoria, caricarono i nemici sul fianco[10].

Neppure la carica della cavalleria pretoriana, che si batté strenuamente, riuscì ad impedire la rotta. Quando anche il centro cedette, gli Otoniani fuggirono in disordine verso Bedriacum. Su questa immensa distanza, le strade erano ingombre di mucchi di cadaveri, per cui la carneficina fu maggiore; nelle guerre civili infatti i prigionieri non servono come preda. Svetonio Paolino e Licinio Proculo evitarono l'accampamento per vie traverse. Un terrore inconsulto espose alla rabbia dei soldati Vedio Aquila, il legato della Tredicesima legione. Era ancora alto il sole quando egli, superato il vallo, viene circondato da una folla vociante di sediziosi e di fuggiaschi, che lo fanno oggetto di insulti e di violenze. Lo accusano di essere un disertore e un traditore, non perché avesse una qualche colpa personale, ma perché così fa il volgo, che scarica sugli altri le proprie infamie. Il buio protesse Tiziano e Celso, quando già erano state disposte le sentinelle e repressa la violenza dei soldati, che Annio Gallo aveva convinto, con ragionamenti, con preghiere e con la propria autorevolezza, a non abbandonarsi a massacri interni, dopo la strage della battaglia perduta: o che la guerra adesso sia finita, o che si voglia riprendere le armi, l'unico conforto per i vinti è la concordia. Il morale degli altri era a terra. Fremevano i pretoriani che non il valore ma il tradimento li aveva vinti; che la vittoria era costata sangue anche ai Vitelliani, e citavano la rotta della cavalleria e la conquista dell'aquila di una legione; che restavano ancora con Otone tutti i soldati rimasti oltre il Po; che erano in arrivo le legioni della Mesia, che gran parte dell'esercito non s'era mossa da Bedriacum: questi certo non si potevano dire vinti, e se così doveva essere, era più decoroso morire in battaglia. Portati da queste considerazioni a un'aspra rivalsa, o affranti per aver toccato il fondo della disperazione, erano comunque invasi più da rabbia che da paura[11].

---

10 Tacito, *Historiae*, II, 41-43.

11 Ibid. II, 44.

Gli Otoniani ritornarono in fuga precipitosa a *Bedriacum*, da dove l'esercito negoziò la resa con Cecina Alieno; due giorni dopo, il 16 aprile, Otone si suicidò, malgrado i suoi generali lo implorassero di aspettare l'arrivo delle legioni del Danubio, le cui avanguardie avevano già raggiunto Aquileia, a soli tre giorni di marcia lungo la Postumia.

Otone invece, probabilmente per evitare altre lotte fratricide, volle suicidarsi, trafiggendosi con un sol colpo di pugnale, preferendo la propria morte agli orrori della guerra civile[12]. Aveva trentasette anni.

Numerosi centurioni e semplici pretoriani si suicidarono davanti all'*ustrinum*- la pira funebre- di Otone, imitati anche da altri soldati alla notizia della morte del sovrano, ciò che prova il carisma dell'imperatore e la fedeltà al principe, spesso messa in discussione, della guardia pretoriana:

Le coorti pretorie con elogi e con lacrime trasportarono il corpo [di Otone], baciando con ardore la ferita e le sue mani. Alcuni soldati si uccisero davanti al rogo, non per il rimorso di colpe commesse contro di lui né per timore di Vitellio, ma per devozione verso il principe e per desiderio di emularne la gloria. E questo genere di morte si diffuse poi a Bedriacum, a Placentia e in altri accampamenti[13].

Vitellio arrivò a Roma per rivestire la porpora solo molte settimane dopo la battaglia, e mostrò clemenza verso gli ufficiali e i soldati sconfitti, ma trattò con grande durezza molti centurioni delle legioni danubiane e congedò con ignominia i pretoriani che avevano combattuto per Otone, due cose delle quali si sarebbe presto dovuto pentire.

▲ Vitellio aveva fama di crapulone amante del cibo in maniera smodata: "...*tutta l'Italia, dall'uno all'altro mare, fu saccheggiata perché il grande ghiottone [Vitellio] avesse squisite vivande; e le più autorevoli persone delle città e le città medesime andarono in rovina a furia di imbandir mense*". (Tacito)

▶ La *testudo* utilizzata per assaltare una città fortificata in una litografia di Wenceslas_Hollar

I prigionieri otoniani vennero portati a Cremona, e i legionari della XIII *Gemina* vennero obbligati, tra i lazzi della popolazione cremonese, a costruire l'anfiteatro ligneo alle porte della città: Tacito ricorda che i cremonesi

Con la petulanza tipica delle plebi cittadine, avevano pesantemente schernito i soldati della Tredicesima lasciati in città per la costruzione di un anfiteatro,

lo stesso dove i gladiatori già liberati da Otone vennero costretti a combattere ed ad uccidersi fino all'ultimo uomo, malgrado avessero prestato *sacramentum* divenendo soldati romani. E come si vedrà ciò sugellerà, in sette mesi, il destino di Cremona e la sorte dei suoi abitanti.

---

12 Grant, *The Roman Emperors*, cit. (p. 46 della tr.it.).
13 Tac. *Hist.*,II, 49; S. Bingham, *The Praetorian Guard*, London 2013, p.35.

LE LEGIONI DI VESPASIANO INVADONO L'ITALIA

Vitellio era dunque divenuto imperatore sconfiggendo il suo rivale Otone nella prima battaglia di *Bedriacum* del 14 aprile. Le legioni che si trovavano in oriente, però, acclamarono imperatore il proprio generale, Tito Flavio Vespasiano, aggiungendo un nuovo pretendente alla lotta per la porpora imperiale. Vespasiano era stato inviato in Giudea da Nerone con un forte contingente per combattere le forze ebraiche ribellatesi contro Roma, nella prima guerra giudaica, scoppiata nel 66. Vespasiano aveva riconquistato la Galilea, e si preparava ad assediare Gerusalemme, quando venne a conoscenza della morte di Nerone.
Vespasiano si affrettò ad inviare a Roma il figlio maggiore Tito, il futuro imperatore, per congratularsi con Galba per la nomina ad imperatore.
Mentre era in viaggio però Tito ricevette la notizia della morte di Galba, e ritornò in Giudea, dove le legioni, che pure avevano in un primo momento giurato fedeltà a Vitellio[14], acclamarono a loro volta Vespasiano imperatore.

---
14   Tacito, *Hist.*, II, 73.

▲ Legioni romane escono da Cremona per dare battaglia.

▶ Nella scultora a tutto tondo romana, esistono due tipologie di ritratti dell'imperatore Tito Flavio Vespasiano: un ritratto piu' "veristico", quasi "volgare", nella scia del ritratto romano repubblicano, e un ritratto "ufficiale", di aristocratica intellettualita'.

Prima di accettare la porpora, Vespasiano si accertò di avere dalla sua parte anche le legioni stanziate in Egitto, il granaio di Roma, e di quelle siriane.
Affidata al figlio Tito la prosecuzione della guerra contro i ribelli ebraici, Vespasiano si recò in Egitto per tagliare i rifornimenti di grano alla capitale, inviando messaggi ai pretoriani congedati da Vitellio promettendo di reintegrarli nei ranghi, e d'accordo col governatore della Siria, Gaio Licinio Muciano, inviò una forza composta dalla VI legione *Ferrata* e di *vexillationes* delle legioni giudaiche e siriane in occidente, agli ordini di Muciano stesso.
Le legioni danubiane erano ancora furiose per il trattamento inflitto ai loro centurioni dopo la battaglia di *Bedriacum*. A mano a mano che le truppe flaviane di Muciano avanzavano attraverso la Siria e l'odierna Turchia, le legioni del confine del Danubio, e quelle di stanza in Rezia e Mesia, acclamarono Vespasiano imperatore: la III *Gallica*, VIII *Augusta* e VII *Claudia Pia Fidelis* avevano infatti inizialmente sostenuto Otone, ma non erano potute intervenire prima della sua sconfitta a *Bedriacum*, e avevano quindi accettato Vitellio imperatore. Quando però seppero della candidatura di Vespasiano, queste legioni abbandonarono Vitellio, convincendo persino altre due legioni, la VII *Galbiana* e la XIII *Gemina*, a sostenere il generale dell'esercito orientale. La XIII aveva un'ulteriore buona ragione per avversare Vitellio, in quanto era stata sconfitta nella prima battaglia di *Bedriacum* e i suoi legionari erano stati obbligati a costruire a Cremona un anfiteatro, tra lo scherno dei cremonesi, per ordine dei due generali vitelliani vincitori, Fabio Valente e Aulo Cecina Alieno.
Prima ancora che Muciano varcasse l'Ellesponto, il legato della VII legione *Claudia Pia Fidelis* Antonio

Primo, aveva già varcato le Alpi con lo scopo di sbarrarne i passi alle truppe fedeli a Vitellio provenienti dalla Germania.

Intanto, per cinque mesi l'Italia fu soggetta alle violenze dell'esercito del Reno, che si comportava come in un territorio conquistato, saccheggiando città e campagne. Dispute cruente si accesero tra legionari e ausiliari, e sedicimila legionari, anche di origine non italica, vennero immessi nella guardia pretoriana, i cui ranghi, sino ad allora, erano riservati esclusivamente a soldati di origine italica ed etrusca, provocando la rabbia, per ora silenziosa, e l'odio dei cittadini di Roma, trattati dai vitelliani con il disprezzo riservato ai vinti.

Gli eserciti di Vitellio si erano accampati fuori dall'Urbe, ma, anche così, Roma era piena di soldati in cerca di divertimento, che causavano disordini e taglieggiavano i romani. Come se non bastasse, si diffusero anche epidemie che causarono numerose vittime.

Le notizie inquietanti che arrivavano dall'oriente non venivano rese note; nulla doveva turbare i piaceri dell'imperatore. Questi offriva donativi e giochi circensi ai propri uomini, e sembrava ignorare le nubi che si addensavano ad oriente.

Venuto a conoscenza dell'arrivo di Antonio Primo, il legato della VII *Claudia* che guidava l'esercito che avrebbe spianato la strada a Muciano, Vitellio mandò a chiamare rinforzi in Germania e Britannia, ma solo la III legione *Augusta*, di stanza in Nord Africa, presso l'odierno confine tra Tunisia ed Algeria, gli manifestò il proprio aperto appoggio. Le truppe scese in Italia erano in preda all'indisciplina.

Ciò nonostante, le legioni renane marciarono da Roma verso nord ed occuparono *Hostilia* (Ostiglia) e Cremona, punti chiave per l'attraversamento del Po. Il grosso dell'esercito si schierò ad *Hostilia*, mentre un contingente minore presidiava Cremona. Comandante vitelliano era Valente, il quale, dopo essersi assicurato la linea del Po si recò in Gallia a raccogliere rinforzi, affidando il comando a Aulo Cecina Alieno.

Contro Antonio Primo era schierato un esercito composto dalle legioni XXI *Rapax*, V *Alaudae*, I *Italica* e XXII *Primigenia*, più *vexillationes* di altre sette legioni[15] ed a truppe ausiliarie.

---

15 Dette *vexillationes* appartenevano a tre legioni britanniche (II legione *Augusta*, di stanza a *Gelvum* [Glouchester]; IX legione *Hispanica* di stanza a *Lindum Colonia* [Lincoln]; XX legione *Valeria Victrix* di stanza a Uroconium [presso Shrewsbury]), e a quattro germaniche: (I legione *Germanica* di stanza a *Bonna* [Bonn] XVI legione *Gallica* di stanza a *Novaesium* [Neuss], X legione *Gemina* di stanza a *Carnutum* [Altensberg], XV *Primigenia* di stanza a *Castra Vetera* e *Noviomagus* [presso Xanten])

▲ L'esercito di Vespasiano disponeva di un gran numero di cavalieri ausiliari, che si dimostrarono decisivi nell'inseguimento del nemico sconfitto dopo la seconda battaglia di Bedriacum il 25 ottobre del 69, tramutandone la ritirata in rotta.

LA SECONDA BATTAGLIA DI BEDRIACUM

...Acieque Betriacensi, prius quam committeretur, duas aquilas in conspectu omnium conflixisse, victaque altera supervenisse tertiam ab solis exortum ac victricem abegisse[16].

(Svetonio, *Vita Divi Vespasiani*, 5)

Le prime legioni di Antonio raggiunsero prima *Patavium* e poi Verona dove aspettarono di venire raggiunte da tre legioni danubiane, ma Cecina, sebbene in superiorità numerica e nonostante gli fosse stato richiesto di attaccarle, si rifiutò di cercare battaglia.
Egli aveva deciso infatti, con l'appoggio del comandante della *classis Ravennatis* (la flotta di Ravenna) Lucilio Basso, di passare dalla parte di Vespasiano.
Convocati tribuni e centurioni, tenne loro un discorso, così riassunto da Giuseppe Flavio:

Raccolti i centurioni e i tribuni che erano ai suoi ordini, li istigò a passare dalla parte di Antonio rimpicciolendo la forza di Vitellio ed esagerando quella di Vespasiano; diceva che uno aveva solo il titolo d'imperatore, mentre l'altro ne aveva la potenza, che per loro era meglio fare di necessità virtù, e prima di subire una disastrosa confitta, schivare il pericolo con una mossa accorta. Vespasiano poteva raggiungere i suoi restanti obbiettivi anche senza di loro, mentre Vitellio anche col loro aiuto non era più in grado di conservare la sua posizione[17].

Tuttavia quando rivelò le proprie intenzioni, malgrado in un primo momento centurioni e tribuni si fossero detti d'accordo, e già erano state rimosse le *imagines* dell'imperatore dalle insegne[18], le truppe di Vitellio, a cominciare della V *Alaudae*, si rifiutarono di tradire il proprio imperatore ed assalirono Cecina, che venne salvato solo dall'intervento dei tribuni. I legionari imprigionarono Cecina, che consideravano ancora più traditore, essendo stato eletto console proprio per volontà dell'imperatore la cui causa ora aveva tentato di disertare.
I legionari scelsero come capi il legato della V *Alaudae* Fabio Fabullo ed il *praefectus castrorum* Cassio Longo.
Quindi decisero di muovere verso Cremona per ricongiungersi alla I *Italica* ed alla XXI *Rapax* mandate avanti da Cecina con una parte della cavalleria per occupare Cremona.
Dione Cassio riporta il fatto che quella notte la luna sorse color sangue, ciò che venne considerato come un pessimo presagio.
Avanzando lungo la via Postumia Antonio aveva fatto già più di quello che gli era stato ordinato, ma, di fronte ai legionari che si rifiutarono di fortificare le proprie posizioni chiedendo di avanzare contro Vitellio, decise di dirigersi verso Cremona, approfittando della mancanza di un comando centralizzato del nemico, visto che Valente era ancora lontano e Cecina in stato d'arresto.
Antonio decise di dare battaglia prima che si riunissero a Cremona tutte le *vexillationes* fedeli a Vitellio provenienti dalla Britannia, dalla Gallia e dalla penisola iberica, e che giungesse in loro soccorso Valente, che si era ripreso dalla malattia ed avrebbe certo accelerato la marcia alla notizia

---

16 *...E alla battaglia di Bedriacum, prima che iniziasse lo scontro, due aquile avevano cominciato a combattere davanti a tutti, e dopo che una era stata vinta, ne era apparsa una terza da oriente, che aveva messo in fuga la vincitrice.*
17 Jos. Fl., *Bell. Iud.*, IV,11,2.
18 C. Dio., *Hist. Rom.*, LXIV, 11.

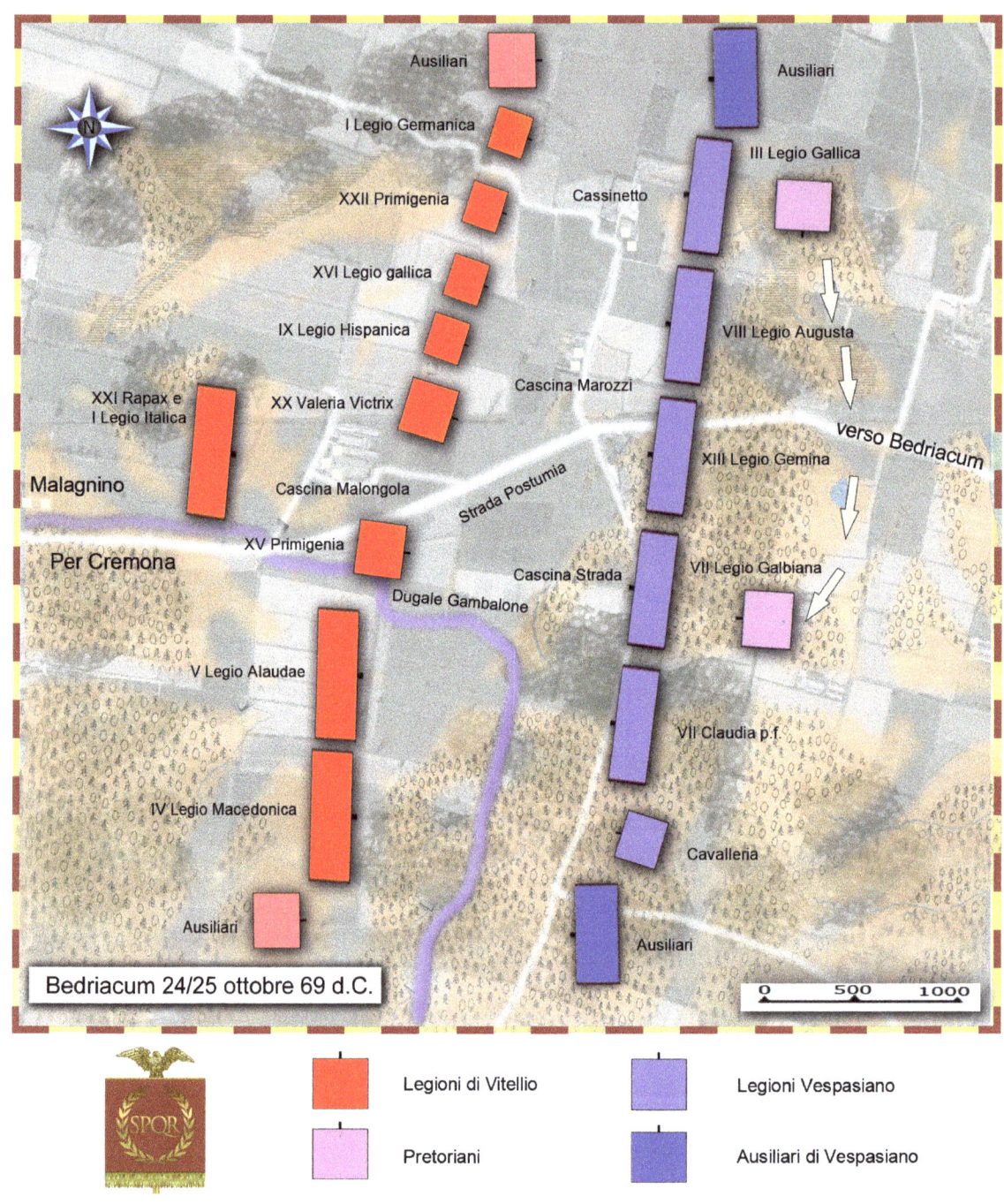

▲ Mappa sintetica della seconda battaglia di *Bedriacum*. Tavola di L. Cristini

della defezione di Cecina; inoltre erano in marcia anche le truppe della Germania, sulla cui natura si discute: non è chiaro, infatti, se si tratti di ausiliari[19], oppure del grosso delle legioni delle quali Vitellio si era portato dietro in un primo momento solo delle *vexillationes*. Antonio Primo si sentiva giustificato nel combattere prima dell'arrivo di Muciano, che al contrario voleva essere aspettato prima di dare battaglia, in modo da sconfiggere il nemico prima dell'arrivo in Italia dei rinforzi vitelliani.

Muciano aveva scritto a Primo Antonio, invitandolo ad agire con cautela, limitandosi a tenere i passi alpini sino all'arrivo del resto dell'esercito, ma le sue raccomandazioni, cui si erano aggiunte anche quelle dello stesso Vespasiano, erano destinate a cadere nel vuoto.

Visto l'indebolirsi delle guarnigioni romane lungo i *limites* renano e danubiano, le tribù barbariche si sollevarono: un'orda selvaggia, sostenuta dalla cavalleria pesante sarmata, oltrepassò il Danubio, infliggendo pesanti perdite ai romani, tanto che Muciano si vide costretto a fermarsi ed a inviare verso nord parte del proprio esercito per ricacciare indietro i sarmati. Se Antonio avesse aspettato l'arrivo di Muciano e delle sue truppe, dunque, questo avrebbe probabilmente significato la fine dei Flavi.

Antonio spostò in due giorni il campo da Verona a *Bedriacum*. Giunto sul posto, Antonio inviò un messaggio ai soldati di Vitellio, invitandoli a passare dalla parte di Vespasiano. Questi risposero a loro volta invitandolo a riconoscere Vitellio quale legittimo imperatore, e avvertendolo che se avesse marciato contro di loro, avrebbe trovato pane per i suoi denti, perché avrebbero combattuto volentieri[20]. Intanto, ignare delle mosse di Antonio, le truppe di Vitellio di guarnigione ad *Hostilia* (Ostiglia) decisero di unirsi ai loro commilitoni di Cremona, dove giunsero al calare della sera del 22 ottobre, lasciando aperta la strada per Roma. Ma Antonio, come detto, era già avanzato verso Cremona, ed era già arrivato a *Bedriacum*.

La mattina del 24 ottobre, nono giorno prima delle calende di Novembre dell'anno 822 dalla fondazione di Roma, Antonio inviò la fanteria ausiliaria a compiere razzie nel territorio di Cremona, mentre con quattromila cavalieri avanzò fino ad otto miglia ad occidente di *Bedriacum* per razziare ancora più liberamente il territorio cremonese, mentre gli *speculatores* di cavalleria si spinsero oltre, verso Cremona stessa, imbattendosi nella cavalleria avversaria.

Come scrive Dione Cassio, l'inizio della battaglia non fu dovuto ad un piano preciso, ma iniziò con piccole scaramucce di esploratori di cavalleria e foraggeri, cui man mano si aggiunsero rinforzi. Malgrado la mancanza di un comandante, i Vitelliani riuscirono a schierarsi ordinatamente, a riprova della straordinaria disciplina e dell'addestramento dei legionari romani e delle capacità di comando dei tribuni e, soprattutto, dei centurioni.

La battaglia non fu frutto di un piano definito. Dapprima pochi cavalieri, come spesso avviene quando due eserciti si accampano l'uno di fronte all'altro, attaccarono i foraggeri nemici, quindi rinforzi vennero ad entrambe le parti dai due eserciti, quando si resero conto di quanto avveniva, prima da una parte, poi dall'altra, ora di un tipo, ora di un altro, fanteria e cavalleria (...)

[Le truppe di Vitellio] si schierarono in qualche modo in formazione regolare, come se fosse stato dato il segnale, e avanzarono in battaglia con ordine, anche se senza un comandante, perché Alieno era stato imprigionato a Cremona[21].

Poco alla volta, come una scintilla dà origine ad un incendio sempre più vasto, la battaglia divenne generale.

Alle undici del mattino Antonio fu avvisato del movimento ostile dell'esercito nemico e

---

19   Il termine *auxilia* veniva applicato a tutte le unità diverse dalle legioni. Queste unità comprendevano la cavalleria ed ogni unità di fanteria leggera. Nel primo impero gli ausiliari vennero organizzati in reparti regolari di circa 500 uomini (*cohortes quingenariae*). Verso la fine del I secolo d.C. fecero la propria apparizione unità di 1000 uomini. Queste unità ausiliare vennero denominate *cohortes milliariae*, e, come per le unità legionarie, erano divise in centurie comandate da un centurione romano. La coorte era comandata da un prefetto. (P. Connolly, *The Roman Army*, London 1976, p. 54).

20   C. Dio., *Hist. Rom.* XLIV 11,3.

21   C. Dio. *Hist. Rom.*, 66,11,4.

dell'avvicinamento di un'avanguardia esigua, sebbene seguita da un più nutrito gruppo di coorti. Mentre Antonio rifletteva sul da farsi, Arrio Varo, futuro prefetto del Pretorio, senza averne ricevuto l'ordine attaccò l'avanguardia avversaria con i cavalieri più coraggiosi e la mise in rotta, ma non per molto, poiché l'accorrere di molte altre forze ribaltò la situazione, ed Arrio Varo fu respinto anche dalle posizioni di partenza.

Antonio, conscio della situazione assai pericolosa venutasi a delineare, dispose le proprie *turmae* di cavalleria in modo di lasciare nel mezzo uno spazio vuoto per accogliere i fuggiaschi e chiamò a sé le legioni e tutti gli ausiliari. Varo, tornato tra le fila di Antonio, comunicò ai cavalieri rimasti con quest'ultimo la preoccupazione per l'arrivo delle truppe vitelliane da Cremona, e molti si misero ad indietreggiare in quel territorio più adatto alla coltivazione della vite che alla ritirata di un esercito, con i suoi canali, le sue vigne ed i suoi boschi che impedivano il movimento dei reparti.

Marco Antonio Primo, da buon comandante, si dette a riorganizzare immediatamente gli *equites* demoralizzati che si erano dati alla fuga, giungendo persino a trafiggere lui stesso un *vexillifer* che scappava, strappandogli l'insegna e rivolgendola contro i nemici; questo gesto fermò circa un centinaio di cavalieri, presi da vergogna, ma non di più. Fu invece provvidenziale per Antonio Primo la presenza da quelle parti di una strada stretta e di un ripido canale con il ponte spezzato del quale i cavalieri non conoscevano la profondità e quindi non volevano attraversare. Impossibilitati nella fuga, serrarono le file davanti al nemico che li aveva raggiunti in ordine sparso. Di nuovo le sorti si ribaltano, giacché coloro che si erano volti alla fuga, richiamati dalle grida di giubilo dei commilitoni, tornavano unendosi alla vittoria.

Le legioni XXI *Rapax* e I *Italica* si trovavano a venti miglia da Cremona, nello stesso luogo della prima battaglia di *Bedriacum*, attirate dall'esito inizialmente favorevole della cavalleria sugli uomini di Varo, quando si videro venire incontro i fuggiaschi vitelliani, e non aprirono nello schieramento dei varchi per il loro passaggio, né mossero contro il nemico che sopraggiungeva, nonostante la stanchezza di quest'ultimo dopo aver compiuto circa otto miglia.

I Vitelliani risentivano infatti della mancanza di un comandante in capo, la cui importanza avevano sottovalutato nella vittoria, ma che in circostanze tali rimpiangevano.

La cavalleria flaviana si scagliò contro le due legioni incolonnate in ordine di marcia, insieme a molti legionari che riuscivano a tenere il passo del tribuno Vipstano Messalla, della VII legione *Claudia Pia Fidelis*, che li aveva condotti velocemente dal campo[22].

La vicinanza delle mura di Cremona smorzò lo spirito di resistenza dei vitelliani, che vi cercarono rifugio, mentre Antonio Primo decise di interrompere la carneficina, data la stanchezza dei propri uomini.

Sull'annottare arrivò sul luogo la maggior parte dell'esercito flaviano, che non era riuscito a raggiungere il luogo in tempo, e tutti chiesero la conquista di Cremona, o per resa spontanea o con la forza delle armi.

L'intima speranza dei legionari era di attaccare Cremona di notte, espugnarla facilmente grazie alla sorpresa, e, in quella stessa notte, di saccheggiarla senza difficoltà con il favore delle tenebre; con il giorno, le legioni all'interno avrebbero chiesto la resa, i soldati avrebbero ottenuta clemenza ed i legati ed i tribuni si sarebbero presi e spartiti le ricchezze della città.

Mentre i soldati scuotevano le armi, sbattendole contro gli scudi per non permettere ai centurioni ed ai tribuni di dare ordini, Antonio con la sua autorità ristabilì il silenzio tra le fila dei suoi uomini ed affermò che spettava agli ufficiali decidere, non certo ai soldati. Sarebbe stato imprudente assaltare la città di notte, al buio, con le molte possibili insidie, senza sapere come e dove fosse più opportuno attaccare le mura e soprattutto senza che si fossero portati dietro gli strumenti necessari. Mandò

---

[22] Secondo Marco Scandigli la prima fase della battaglia ebbe luogo dove oggi è la Riserva regionale Le Bine, verso l'Oglio: Scandigli, *La lancia, il gladio, il cavallo*, Milano 2010, pp. 321- 322.

▲ Scagliati i pila i legionari attaccano con il gladio...

dunque portatori, vivandieri e parte della cavalleria a prendere l'occorrente al campo. Se in un primo momento i soldati non accettarono quanto ordinatogli e giunsero quasi alla ribellione, non appena alcuni cavalieri ebbero catturato alcuni abitanti di Cremona che affermavano la vicinanza di sei legioni vitelliane- evidentemente considerando anche le *vexillationes*, le legioni al completo essendo cinque- che avevano percorso quel giorno 30 miglia e si preparavano alla battaglia, la paura li rese obbedienti. L'ordine di battaglia, a tarda serata, quando ormai erano arrivate le forze delle due parti al completo, era il seguente:

- Truppe di Vespasiano, sotto il comando di Marco Antonio Primo:

III *Gallica*,
VII *Claudia Pia Fidelis*,
VII *Galbiana Gemina*,
VIII *Augusta*,
XIII *Gemina*.

▲ La linea stava per cedere, ma a sostegno Antonio inviò i pretoriani si buttano nella mischia, respingono il nemico, ma poi sono a loro volta respinti. (Tacito)

Cinque (?) coorti *quingenariae* di pretoriani[23]
4.000 cavalieri
10 coorti ausiliarie *milliariae*.
- Truppe di Vitellio, sotto il comando nominale di Fabio Fabullo e Cassio Longo:
I *Italica*,
IIII *Macedonica*,
V *Alaudae*,
XXI *Rapax*,
XXII *Primigenia Pia Fidelis*,

---

23 Già al servizio di Otone, congedati con ignominia da Vitellio dopo la prima battaglia di *Bedriacum*: A. R. Menéndez Argüin, *Pretorianos. La Guardia imperial de l'Antigua Roma*, Madrid, 2006, pp120- 121. In totale 2.500 uomini. Secondo R. Cowan non si sarebbe trattato di coorti ma di una *vexillatio* del tipo legionario: *nella seconda battaglia di Cremona* [*Bedriacum*, ndA] *i pretoriani non erano organizzati nelle loro vecchie coorti, ma sembrano aver combattuto in un singolo corpo sotto un* vexillum *(erano probabilmente suddivisi in centurie)* (R. Cowan, *Roman Guardsman*, cit., p.54), senza però documentare questa sua affermazione, che ci sembra discutibile.

sette *vexillationes* legionarie

(II *Augusta*, IX *Hispanica*, XX *Valeria Victrix*, I *Germanica*, XVI *Gallica*, X *Gemina*, XV *Primigenia*)
e un numero non conosciuto di coorti ausiliarie.

Si ricordi come ogni legione avesse una forza teorica di 5.500 uomini, suddivisi in cinque coorti, ciascuna formata da cinquecento legionari, ad eccezione della prima coorte, che ne inquadrava ottocento, e 120 soldati di cavalleria.

Quale era la consistenza dei due eserciti? Grazie alle fonti antiche- Tacito e Giuseppe Flavio - si può avere un'idea abbastanza precisa del numero di uomini che componevano l'esercito di Antonio; purtroppo sull'esercito vitelliano le fonti tacciono, salvo per dire che era più numeroso di quello avversario.

Le truppe di Vespasiano dunque inquadravano almeno quarantaquattromila cinquecento uomini, (dei quali 27.500 legionari e 2.500? pretoriani) includendo nel computo gli *auxilia*, che dovevano quindi essere probabilmente intorno ai quattordicimila, di cui 4000 cavalieri[24]: perciò dieci coorti *milliariae*, poiché Tacito parla di quarantamila uomini presenti a Cremona dopo la battaglia e che misero a sacco la città[25], cui vanno aggiunti i 4.500 caduti in combattimento di cui scrive Giuseppe Flavio[26], mentre i Vitelliani dovevano schierare circa cinquantamila uomini (di cui 34.500 legionari includendo nel computo anche le sette *vexillationes* legionarie, per un totale di settemila uomini, anche se sicuramente un certo numero di legionari rimase a Cremona e nel *castrum* all'esterno delle mura della città) e gli *auxilia*[27].

Alla seconda battaglia di Bedriacum i flaviani schierarono dieci coorti *milliariae* di ausiliari, pari quasi a due legioni, escludendo la cavalleria; probabilmente anche Vitellio ne impiegò altrettanti. Gli *auxilia* dei due eserciti si scontrarono tra loro sulle due ali dello schieramento, ma nessuno storico antico ha prestato alcuna attenzione a questi combattimenti limitandosi a scrivere dei legionari.

Antonio Primo schierò le legioni per affrontare quelle nemiche quella notte stessa. Antonio era in una situazione difficile: si trovava lontano dalle proprie basi e nell'impossibilità di fortificare il proprio *castrum*: non gli rimaneva dunque che dare battaglia, così schierò le proprie legioni, numericamente inferiori al nemico, sui due lati della via Postumia, che correva rialzata su un terrapieno, schierando al centro le legioni e sulle ali le coorti ausiliarie e la cavalleria.

Sulla via Postumia, al centro, Primo schierò la legione XIII *Gemina*, con a sinistra prima la VII *Galbiana*, sulla rasa pianura, e poi la VII *Claudia*, protetta da un fosso già presente, probabilmente l'odierno dugale Gambalone. A destra invece c'erano prima l'VIII *Augusta*, lungo un sentiero scoperto, presso l'attuale Ca' de' Marozzi, e poi la III *Gallica*, riparata dagli arbusti, all'altezza di Cassinetto.

Questo quantomeno fu l'ordine delle *aquile* e delle insegne, i soldati invece al buio si schierarono in ordine sparso. Infine il distaccamento dei pretoriani era vicino alla *Gallica* e la fanteria ausiliaria sulle ali, mentre la cavalleria era ai fianchi e dietro lo schieramento. I capi suebii Sidone ed Italico, con i loro migliori ausiliari, si trovavano in prima linea.

Intanto l'esercito vitelliano, che avrebbe invece dovuto riposarsi a Cremona per poi sconfiggere la mattina un esercito sfinito dal freddo, dalla stanchezza e dalla fame, non avendo un capo, attaccò battaglia contro il nemico pronto ed ordinato verso le nove di sera. Le schiere erano disordinate per il buio e la furia dell'esercito, ma si suppone che tenessero il centro- presso dove oggi è la Cascina Malongola- la V *Alaudae*, la XV *Primigenia*, con le *vexillationes* britanniche della IX *Hispanica*, della II *Augusta* e della XX *Valeria Victrix*, l'ala destra la IIII *Macedonica* e l'ala sinistra la *vexillatio* della XVI *Gallica*, la XXII legione *Primigenia* e la *vexillatio* della I *Germanica*. La XXI *Rapax* e la I *Italica*, che non avevano più potuto riorganizzarsi, si frammischiarono a tutti i manipoli, mentre cavalieri ed ausiliari

---

24   *Cum quattuor milibus equitum*, Tac., *Hist*. III, 15.
25   *Hist*., III, 33: *Quadriginta armatorum milia inrupere*. Tacito li distingue dai *calones* e dai servi.
26   Jos. Flav., *Bell. Iud*., IV,11, 3.
27   Ricordiamo che una coorte ausiliaria *milliaria* inquadrava mille uomini. Ogni *vexillatio* comprendeva anch'essa mille uomini.

▲ La XXI Rapax e la XIII Gemina entrano in contatto.

si posizionavano come volevano.
La battaglia fu confusa e *funesta ora a questi ed ora a quelli*, così Tacito descrive la confusione dello scontro notturno. A nulla servivano infatti il coraggio o la forza fisica, né gli occhi, poiché si era al buio, perché, come ricorda Dione Cassio, le nuvole coprivano la luna. La parola d'ordine della battaglia, che normalmente era trasmessa per iscritto dai *tesserarii*, data l'oscurità che impediva di leggere veniva domandata continuamente a voce, venendo così saputa da tutti, amici e nemici, e le insegne, al buio, si confondevano facilmente, così come gli identici armamenti e la lingua comune impedivano di distinguere tra le due parti, che si battevano tra i resti insepolti dei caduti della prima battaglia:
Nemmeno il calar della notte li separò, da quanto erano furiosi e determinati, sebbene a difficoltà si riconoscessero l'un l'altro dandosi la voce. Quindi non la fame, non la fatica, non l'oscurità, non i resti di chi era morto prima su quel campo, non la memoria del disastro, non il numero di chi era morto per nulla mitigarono la loro ferocia. Tale era la follia che possedeva entrambe le parti, e così erano ardenti, spronati dalle memorie del luogo, che rendeva una parte risoluta a vincere anche questa volta, e l'altra a non esser vinta di nuovo. Combattevano come contro stranieri, e non contro consanguinei; e entrambe le parti combattevano come se avessero giurato di vincere o di

essere schiavi [28].

Più di tutti era in difficoltà la legione VII *Galbiana*, schierata su un tratto di pianura piatta e priva di protezioni naturali; la legione era stata arruolata da Galba da meno di un anno con uomini provenienti da legioni diverse, e quindi priva dell'affiatamento e della coesione che caratterizzava le legioni di più antica tradizione. Le morirono tutti e sei i centurioni *primi ordines* della prima coorte, e le furono strappate alcune insegne; morto l'*aquilifer*, l'*aquila* venne salvata dal centurione *primus pilus* Atilio Vero che per difenderla uccise molti legionari nemici, fino a quando non cadde ucciso a sua volta. L'*aquila* della legione, definita *sancta* da numerose fonti epigrafiche[29], non era una semplice immagine, ma qualcosa di sacro, simbolo di Giove, incarnazione del *Genius Legionis*, veniva custodita nel *sacrarium*, dal quale non veniva tolta se non quando la legione si muoveva al completo; in battaglia veniva posta normalmente in prima linea, e diventava l'obbiettivo primario degli attacchi nemici[30]. La sua perdita non comportava solo il disonore sull'intera legione, ma la *desacratio*, la perdita della protezione divina. Per questo veniva difesa sino all'estremo sacrificio, come fece Atilio Vero, e come, anche se Tacito non lo scrive, dovette fare il suo *aquilifer*.

Antonio in questa situazione fece avanzare i pretoriani a sostegno della VII legione, a cui diedero man forte facendo indietreggiare il nemico, per poi essere tuttavia a loro volta ricacciati, poiché i Vitelliani avevano posizionato le loro *ballistae* e i loro *scorpiones* sull'argine della strada, per poter lanciare i colpi da una posizione sopraelevata, mentre in un primo tempo i proiettili avevano colpito più gli alberi che i nemici. Tale situazione andò avanti sino alle prime luci dell'alba, quando due pretoriani, che, avendo preso gli scudi da un mucchio di cadaveri di Vitelliani, erano irriconoscibili, riuscirono al costo della vita a recidere i fasci di nervi attorcigliati che costituivano le corde di un'enorme *ballista* della *vexillatio* della XV legione *Primigenia*, che aveva scagliato durante tutta la notte grandi palle di pietra sullo schieramento flaviano, nel settore tenuto dalle coorti pretorie[31].

La lotta si era frammentata in combattimenti individuali, con gli uomini che, stanchi, si sedevano per terra parlando insieme tra loro, amici e nemici, e poi ricominciando a combattere, mentre si sentivano gridare i nomi di Vespasiano e di Vitellio, seguiti da insulti da parte di uno schieramento o di lodi dall'altro. Quando le donne cremonesi- alcune vennero uccise- portarono cibo e vino ai Vitelliani per rifocillarli, questi spesso li condivisero con il nemico.

La vittoria non volgeva in favore di nessuno, finché a notte inoltrata non si aprirono le nubi e spuntò la luna, favorevole ai legionari di Vespasiano, ma sfavorevole ai Vitelliani. I soldati di Vespasiano infatti l'avevano alle spalle, quindi le loro ombre si allungavano ed i nemici, cercando di colpire le ombre, sbagliavano il bersaglio; i Vitelliani invece erano illuminati di fronte, ed erano quindi esposti a coloro che li colpivano nell'ombra.

Antonio passò di legione in legione ad incitare i legionari ad un più duro combattimento, arringando soprattutto i pretoriani, che erano stati congedati con ignominia da parte di Vitellio e che avevano avuto modo di riprendere le armi solo grazie alla guerra portata avanti da Vespasiano. Per loro una sconfitta avrebbe significato la morte.

La situazione era in una fase di stallo, quando ad un tratto, insieme al primo spuntar del sole s'udì un grande clamore che ruppe il silenzio dell'aurora: era la legione III *Gallica* che salutava il sole nascente, secondo l'usanza della Siria, regione dove la legione aveva prestato servizio.

Si diffuse la voce, infondata, che la III legione stesse salutando a gran voce le legioni di Muciano,

---

28   C. Dio., *Hist. Rom.*, LXIV,12.
29   Si è già ricordato come un *primus pilus* della I *Italica* abbia dedicato un altare *dis militaribus genio virtuti aquiliae sanct(ae) signisque* (Agli dei militari, al Genio della Virtù e alla sacra aquila e agli stendardi). *Virtus* è il valore militare.
30   R. Cowan, *Roman Legionary 58 BC- AD 69*, Oxford 2003, pp. 47- 48.
31   Tac., *Hist*, III, 23. L'episodio è riportato anche da Dione Cassio, *Hist. Rom.*, LXIV, 12.

▲ Elmo tipo Weisenau da Calvatone (Museo Civico Ala Ponzone,

giunte in soccorso. A questo punto il morale degli esausti legionari di Vitellio crollò improvvisamente, e i soldati in preda al panico si diedero alla fuga.

I soldati di Vespasiano, incoraggiati, avanzarono; i reparti vitelliani, intimoriti, si sfaldarono, con gli uomini che cominciarono a fuggire verso Cremona; quando Antonio se ne accorse, ordinò di procedere a ranghi serrati per far cedere definitivamente la linea nemica. Ne seguì una grande strage: per la mancanza di comandanti ed il terreno sfavorevole i vitelliani non riuscirono a ricomporsi.

Marco Scandigli nel suo lavoro dedicato alla guerra nell'Italia antica così individua il luogo della battaglia notturna:

Il combattimento... si sviluppò a circa un chilometro dal paese di Longardore, grossomodo sulla linea delle località di Cascina Strada e Ca' dei Morozzi.

▲ Ora gridavano tutti insieme da una parte il nome di Vespasiano, mentre l'altra quello di Vitellio, e si sfidavano ogni volta, con insulti o lodi all'indirizzo di ciascun capo e dell'altro. (Dione Cassio)

Oggi la linea ferroviaria e un canale indicano la direzione degli scontri verso Cremona, tra campi coltivati interrotti solo da qualche filare d'alberi; ai tempi, probabilmente, il terreno era rotto, con boscaglie, avallamenti e acquitrini[32].

Durante la strage seguita al combattimento vero e proprio, come ricorda Tacito, i pianti e le suppliche di un figlio, legionario della legione VII *Galbiana* ai mani paterni di non maledirlo quale parricida dopo l'uccisione del padre, un tale Giulio Mansueto, un legionario di origine ispanica che serviva nella XXI *Rapax* che commossero i combattenti ma non placarono la strage stessa, sebbene un moto di pietà e di odio verso la guerra civile avesse percorso le file dei soldati dopo questo fatto. *Senza sosta*

32   Scandigli, *La lancia*, cit., p. 322

intanto trucidano, spogliano parenti, consanguinei, fratelli; dicono che è un delitto e intanto lo compiono, come commenta Tacito in uno dei suoi brani più espressivi:

Significativo rilievo diede alla strage l'uccisione di un padre per mano del figlio. Ricorderò i fatti e i nomi come li riferisce Vipstano Messalla. Giulio Mansueto, originario della Spagna, appartenente alla legione Rapax, aveva lasciato a casa il figlio ancora bambino. Costui si fece grande, fu arruolato da Galba nella Settima legione; volle il caso che si trovasse di fronte il padre: lo colpisce, lo abbatte e, mentre lo spoglia, il morente è da lui riconosciuto e lo riconosce. Allora se lo stringe spirante fra le braccia e, in singhiozzi, supplicava i mani paterni che si lasciassero placare e lo rifiutassero come parricida. Quel delitto è di tutti: che parte poteva avere un solo soldato nella guerra civile? Il figlio solleva il corpo, scava la fossa, rende al padre le estreme onoranze. Videro questo i più vicini, poi lo seppero tanti altri, e per tutto l'esercito si diffonde stupore, pena, esecrazione di una guerra come nessun'altra feroce. Senza sosta intanto trucidano, spogliano parenti, consanguinei, fratelli; dicono che è un delitto e intanto lo compiono[33].

▲ Pretoriani raffigurati sui rilievi della Cancelleria, età Flavia.
Il pretoriano barbato porta probabilmente una "hasta pura", concessa per il valore in combattimento. Si tratterebbe perciò di un pretoriano veterano delle due battaglie di Bedriacum, unici scontri insieme all'assalto del Castro Pretorio a Roma che videro in campo la guardia pretoriana, agli ordini di Otone e poi di Vespasiano. (Roma, Musei Vaticani).

---

33 Tac., *Hist*. III, 25.

▲ Senza sosta intanto trucidano, spogliano parenti, consanguinei, fratelli; dicono che è un delitto e intanto lo compiono. (Tacito)

▲ Alla seconda battaglia di Bedriacum presero parte dieci coorti milliariae di ausiliari di Vespasiano, e probabilmente altrettante combatterono con Vitellio, per una forza complessiva equivalente a quella di quattro legioni. Anche la cavalleria era formata in massima parte di alae di ausiliari germanici e gallici ma anche siriani.

ASSEDIO E CADUTA DI CREMONA

Spronati dall'inseguimento, i Flaviani giunsero di slancio a Cremona, massacrando i fuggitivi: secondo Giuseppe Flavio fu proprio davanti Cremona che i Vitelliani subirono le perdite più ingenti ad opera della cavalleria di Antonio:

Primo con la cavalleria sbarrò le via di accesso alla città e la più gran parte li accerchiò, e uccise davanti alla città[34].

Davanti alla città i Vitelliani avevano posto un *castrum* fortificato con fossati ed altre opere difensive, e difeso da un alto *vallum*, sul quale erano posti come protezione *scorpiones* e *ballistae*, come si dirà più avanti.

L'accampamento fortificato, costruito già al tempo della prima battaglia di *Bedriacum* contro Otone[35], si trovava con ogni probabilità presso l'attuale piazza della Libertà, situato nella forcella formata dalla via Postumia, l'attuale via Mantova, che controllava l'accesso alla città da oriente, e dalla *via Brixiana* che portava a nord, verso *Brixia*, ora via Brescia, mentre il *diverticulum* che univa le due vie fungeva da *via Principalis* del *castrum*[36]. In tal modo il *castrum* veniva a trovarsi in prossimità delle mura urbiche e del *pomerium* di Cremona, ed a essere protetto verso ovest e verso sud.

Anche Nicola De Grassi segnala, nella stessa zona, la presenza di un campo fortificato permanente:

Sembra che l'area a N-E della città antica serbi le tracce di un campo militare permanente[37],

sicuramente quello delle due legioni di Vitellio, creato all'epoca della prima battaglia di *Bedriacum* in aprile .

Antonio ed i suoi legati non sapevano cosa fare: l'esercito era esausto, ma voleva a tutti i costi assaltare l'accampamento nemico e la città; tornare indietro all'accampamento di *Bedriacum*, oltretutto non fortificato, avrebbe significato molta fatica e la perdita del frutto della vittoria. Allestire un accampamento sarebbe stato rischioso poiché i nemici con una sortita avrebbero potuto sopraffarli. Antonio fece quindi accerchiare il *vallum* del *castrum*.

Gli *scorpiones* e le *ballistae* iniziarono un furioso lancio di verrettoni e sassi, ma i difensori, che avevano schierati i *tormenta* sulla sommità del *vallum*, come d'uso, colpivano dall'alto gli uomini di Antonio, quindi le perdite erano maggiori tra i flaviani[38].

34 Jos.Flav., *Bellum Iudaicum*, IV, 11,3.
35 *Othoniano bello Germanicus miles moenibus Cremonensium castra sua, castris vallum circumiecerat eaque munimenta rursus auxerat*, Nei giorni della guerra contro Otone, i soldati germanici avevano disposto il loro campo attorno alle mura della città, e attorno al campo, costruito un vallum, rafforzato poi con ulteriori difese scrive Tacito (*Hist*. III, 26)
36 Proprio presso via Brescia vennero trovati, nel 1887, i resti di uno *scorpio* della IIII legione *Macedonica*.
37 N. De Grassi, *Cremona*, in AAVV *Enciclopedia dell'Arte antica, Classica e orientale*, Roma 1959, s.v.
38 Di questi *tormenta* resta una importante testimonianza archeologica. Nell'aprile del 1887 venne rinvenuta a Cremona, presso via Brescia, una fossa contenente una piastra di rame sbalzato di cm 22x31, recante un'iscrizione latina tra due rappresentazioni di insegne legionarie con capricorni, insieme a delle rondelle di bronzo dal diametro di 80 cm (L. Astegiano, "L'iscrizione romana", *Interessi cremonesi*, 23 aprile 1887). Soltanto dopo quasi un secolo, le rondelle vennero identificate per modioli di bronzo di uno *scorpio* , e la piastra per la scudatura frontale dello stesso. L'iscrizione recita:
LEG[IO] IIII MAC[EDONICA]   M[ARCO] VINICIO IT[ERVM] TAVRO STA[TILIO] CORVI[NO] C[AIO]   VIBIO   RVFINO
LEG[ATO] C[AIO] HORATIO PRINC[IPE] IIII LEGIONE MACEDONICA [SOTTO IL CONSOLATO DI]   MARCO   VINICIO
PER LA SECONDA VOLTA [E DI] STATILIO CORVINO   [SOTTO IL COMANDO DEL] LEGATO CAIO VIBIO RUFINO
[Propretore della *Germania Superior*]   [ESSENDO] CAIO ORAZIO PRINCEPS [DEL PRETORIO].
Lo *scorpio* è dunque datato al 45 d.C. , sotto il principato di Claudio, e rimase in servizio sino al 26 ottobre del 69, per ventiquattro anni, quando, evidentemente distrutto al punto che non venne riutilizzato dalle truppe di Antonio, qualcuno strappò per riutilizzarla la scudatura frontale, e la nascose insieme ai modioli di bronzo, senza tornare più a prenderli: cfr. F. Russo, F. Russo, *Tormenta navalia. Le artiglierie navali romane*, supplemento alla *Rivista Marittima* 6, giugno 2007, pp. 78- 79 (malgrado il titolo, si tratta di un ottimo studio sull'artiglieria romana in generale, non solo navale); D. Baatz, "Ein Katapult

Vale la pena, per comprendere cosa fosse il tiro delle artiglierie romane, riportare il brano che Giuseppe Flavio dedica al tiro delle macchine d'assedio di Vespasiano contro la fortezza giudaica di Jotapata, da lui stesso difesa nell'estate del 67:
La violenza delle ballistae e delle catapulte abbatteva molti uomini insieme con un unico colpo, e i proiettili sibilanti scagliati dalle macchine sfondavano i parapetti e scheggiavano gli spigoli delle torri. Non esiste una schiera di combattenti così forte da non poter essere travolta fino all'ultima fila dalla violenza e dalla grandezza di questi proiettili. Un'idea della grandezza e della potenza di questi ordigni può essere data da quanto accadde quella notte: un proiettile staccò la testa di uno degli uomini che stavano sul muro con Giuseppe, scagliandola a tre stadi [39] di distanza [40]

▲ Piastra frontale di scorpio della IIII Legione "Macedonica" rinvenuta nell'Ottocento presso l'attuale via Brescia a Cremona. (Museo Archeologico Nazionale di San Lorenzo, Cremona).

Antonio assegnò a ciascuna delle sue legioni una parte del *vallum*, affinché, dice Tacito, così distribuiti, potessero distinguersi i migliori ed i peggiori soldati, e con l'emulazione, i legionari seguissero i più valorosi. Alle legioni III *Gallica* e VII *Galbiana* fu affidato il lato orientale, ovvero quello che dava verso *Mantua* e la via Postumia (a cavallo dell'odierna via Mantova) all'VIII *Augusta* ed alla VII *Claudia* quello meridionale (*alla destra del vallum*, scrive Tacito) ed alla XIII *Gemina* quello settentrionale, in direzione di *Brixia* (a cavallo dell'attuale via Brescia) [41].

In formazione a *testudo* i Flaviani assaltavano le mura del *castrum* con le *dolabrae*, picconi, zappe e scale, prese nelle *villae rusticae* della campagna cremonese.

Dall'alto della palizzata i legionari di Vitellio e gli abitanti di Cremona bersagliavano gli uomini di Vespasiano con macigni e giavellotti, sporgendosi con uncini montati su pertiche per agganciare gli scudi, affinché il muro di scudi della *testudo* perdesse coesione ed i soldati rimanessero scoperti, e quindi facili bersagli. I capi flaviani, vedendo i soldati esausti e sordi alle esortazioni, indicarono loro le ricchezze di Cremona, e con la prospettiva di un ricco saccheggio i soldati si rianimarono e come furie scalzarono l'*agger* e assaltarono i difensori del campo, issandosi gli uni sulle spalle degli altri o salendo sulla *testudo* formata di nuovo.

Particolarmente combattive, stando a Tacito, si dimostrarono le legioni III *Gallica* e VII *Galbiana*, che attaccarono da oriente con gli ausiliari scelti dove Antonio aveva concentrato i propri sforzi. I Vitelliani, vedendo che nulla potevano fare contro la *testudo*, poiché i dardi lanciati scivolavano sul muro di scudi, le rovesciarono addosso la ballista, che sì schiacciò i legionari, ma trascinò con sé la merlatura difensiva del *vallum*, e nello stesso tempo, crollò, colpita dai sassi scagliati dalle *ballistae*, una

---

der Legio IV Macedonica aus Cremona", in *Romisches Mittelungen*, 87 (1980). Sono stati rinvenuti anche i resti di una seconda macchina da assedio, datata al 56 d.C., dunque al periodo neroniano, e riferibile anch'essa alle legioni renane di Vitellio.
39 Circa 555 m. Uno stadio corrisponde a 185 m.
40 Jos. Flav. *Bellum Iudaicum*, III, 7,23. Che a Cremona fossero presenti *ballistae* di enormi dimensioni è sicuro, dato che, come già ricordato, una di esse, utilizzata dalla XV legione *Primigenia*, era stata usata a *Bedriacum* il giorno prima, e distrutta da due pretoriani (Tacito, *Hist.*, III, 23). A maggior ragione, quindi, dovevano essere presenti anche a Cremona.
41 *Proxima Bedriacensi viae tertiani septimanique sumpsere, dexteriora valli octava ac septima Claudiana; tertiadecimanos ad Brixianam portam impetus tulit* (Tac. *Hist*, 3, 27).

torre contigua. Commenta Tacito:
Romanae utrimque artes, entrambe le parti combattevano da romani.

Mentre quindi la VII legione *Galbiana* assaltava in formazione a cuneo la breccia, la III *Gallica* sfondò con picconi e *dolabrae* la porta. Il legionario Gaio Volusio, della III *Gallica*, fu il primo a raggiungere la sommità del *vallum*, conquistandosi la *corona vallaris*, destinata a chi avesse scalato per primo le mura nemiche, e dall'alto del *vallum* gridò che il campo era preso. Questo grido gettò il panico tra i difensori, che nella confusione ritennero che le forze di Antonio, e non un solo uomo, avessero già fatta irruzione nel *castrum*. Mentre i Vitelliani sgomenti si accalcavano per precipitarsi fuori dal campo, in cerca di salvezza dentro le mura della città, i Flaviani entrarono e massacrarono i difensori in preda al panico. Ora però dovevano conquistare le alte mura della città, con torri di pietra e porte rinforzate di ferro, al cui interno i soldati scagliavano dardi e potevano contare sull'appoggio della popolazione e dei molti mercanti lì convenuti in occasione della fiera che cadeva proprio in quei giorni. La presenza di mercanti d'altra parte eccitava i Flaviani avidi di bottino. Antonio ordinò quindi di incendiare i più lussuosi edifici fuori dalla cinta muraria, per spingere il popolo a ribellarsi ai Vitelliani per far terminare i combattimenti, e occupò le case vicine alle mura e sovrastanti le stesse per altezza con molti soldati, per scompigliare i reparti dei difensori lanciando quanto avessero a portata di mano. Inoltre mandò di nuovo all'attacco i legionari in formazione a *testudo*.

All'interno delle mura, tribuni e centurioni, narra Tacito, temevano che, presa la città, non ci sarebbe stata più pietà per loro. I soldati semplici invece, protetti dall'anonimato, non imploravano la pace, ma si sbandavano per la città, attendendo di vedere che piega avrebbero preso gli eventi. Gli ufficiali quindi

▲ Cremona, piazza della Libertà. In questo luogo, alla convergenza della *Via Brixiana* con la Via Postumia sorgeva il *castrum* dei Vitelliani espugnato il 25 ottobre del 69 dai soldati di Antonio Primo.
la fotografia è ripresa dalle posizioni vitelliane: di fronte si vede l'antica via Postumia, attuale via Mantova, da cui giunsero i fuggiaschi inseguiti dalle legioni vittoriose.

asportarono le *imagines* di Vitellio dalle insegne delle coorti ausiliarie[42] ed il nome dell'imperatore dalle insegne e liberarono Aulo Cecina Alieno, che come si è detto era stato imprigionato dopo aver tentato di passare con l'esercito dalla parte di Vespasiano, implorandolo affinché intercedesse in loro favore presso Antonio, con l'autorità che gli veniva dalla carica di console.

Cecina in un primo momento rifiutò sprezzantemente di aiutare coloro che lo avevano incatenato. Decisi ad arrendersi, intanto, i Vitelliani esposero sulle mura rami d'ulivo e bende bianche, simbolo di resa e di trattativa.

Antonio diede l'ordine di cessare l'attacco, e dalla città furono portate fuori le insegne, mentre dietro seguiva vergognosa la schiera di disarmati, occhi a terra, che venne subito coperta da insulti e da minacce dai soldati flaviani.

Quando poi questi videro che i prigionieri sopportavano in silenzio offese e minacce, si placarono, pensando al fatto che quegli stessi sconfitti erano stati vincitori clementi con gli uomini di Otone dopo la prima battaglia di *Bedriacum*. Gli animi si riaccesero però quando uscì dalla città Cecina Alieno, nelle vesti di console -proclamato da Vitellio- con la *toga praetexta* e preceduto dai littori, provocando le urla dei legionari e degli stessi prigionieri che gli rinfacciarono il suo tradimento, accusando il console per l'atteggiamento pieno di superbia e di ipocrisia. Antonio accolse con rispetto e cortesia il console, che dopotutto aveva cercato di passare dalla parte dei Flaviani, e lo mandò sotto scorta a Vespasiano.

Intanto il popolo di Cremona, circondato dagli armati, rischiava il massacro, ma i magistrati civici frenarono con preghiere i soldati. Antonio convocò l'assemblea, probabilmente presso il *capitolium*, ovvero dove ora sorge il duomo, e pronunciò un discorso nel quale non si pronunciò né a favore né contro Cremona, ma i soldati, spinti da rancore e da bramosia di bottino, si accanirono a volerne il saccheggio e l'eccidio degli abitanti. I motivi del rancore erano che si credeva che avessero appoggiato i Vitelliani anche contro Otone; i cremonesi avevano schernito, con la *petulanza tipica della plebaglia*[43], come scrive Tacito la XIII legione cui era stato ordinato di costruire un anfiteatro, in cui Cecina aveva dato uno spettacolo di gladiatori, gli stessi che Otone aveva liberato in cambio dell'arruolamento, catturati dopo la prima battaglia di *Bedriacum*: l'indignazione dei soldati di Antonio nasceva dal fatto una volta liberati da Otone, e dopo aver pronunciato il *sacramentum*, il giuramento militare, erano soldati romani, e l'averli nuovamente fatti schiavi e costretti a combattere costituiva una violazione del diritto, e ancora più grave, agli occhi dei legionari, era il fatto che i civili cremonesi avessero assistito con aperto divertimento alla morte ignominiosa di militari prigionieri.

Come se ciò non fosse stato sufficiente, Cremona era stata usata come base logistica, e i suoi abitanti si erano dati da fare aiutando i Vitelliani con vettovaglie e con le armi, tanto che alcune loro donne si erano frammischiate ai soldati nella battaglia di *Bedriacum* ed erano state uccise. A proposito della distruzione della città, Tacito narra il seguente aneddoto, usato dagli avversari di Primo Antonio per scaricare su di lui la responsabilità dei quanto stava per avvenire: Antonio, dunque, *abluendo cruori*, *per lavarsi del sangue*, ablativo assoluto che in due sole parole esprime sia la durezza dei combattimenti nelle vie della città, sia la partecipazione diretta del legato agli scontri, si recò alle terme, dove, alle sue rimostranze per la freddezza dell'acqua del *calidarium*, gli fu risposto da uno schiavo che avrebbe subito sentito caldo. Questa risposta fece ricadere su Antonio la responsabilità per l'incendio di Cremona, sebbene i soldati, senza averne ricevuto alcun ordine, avessero già iniziato da prima a distruggere

---

42   Per quanto Tacito non lo specifichi, che si tratti di insegne di unità ausiliarie è quasi sicuro. L'*imago*, un ritratto a mezzo busto dell'imperatore era l'insegna tipica delle coorti di *auxilia*, e veniva portata in battaglia da ufficiali detti appunto *imaginiferi*; non risulta essere stata utilizzata dai legionari: G. Cascarino, *L'esercito romano. Armamento e organizzazione*, II, *Da Augusto ai Severi*, Rimini 2010, pp. 78 e 195. Ritratti di membri della famiglia imperiale (*imagines clipeatae*) sono attestati anche sulle insegne delle coorti pretorie, che però non erano presenti a Cremona nello schieramento vitelliano. Nel I secolo il culto imperiale, e l'uso dunque del ritratto dell'imperatore come oggetto di culto (che tali erano le insegne militari) era ancora inaccettabile a Roma, malgrado i tentativi di introduzione della divinizzazione del sovrano, di stampo ellenistico orientale tentati da Gaio Caligola e, in misura minore da Nerone, mentre era ammesso- e incoraggiato- nelle province: D. B. Campbell, "Eagles, flags and little boars. The Cult of the Standards in the Roman Army", *Ancient Warfare* III, 6, pp 34 segg.

43   *Ut sunt procacia urbanae plebis ingenia* (Tac. *Hist*, 3, 32).

la città col fuoco, dopo averla saccheggiata. Dione scrive:

Questa catastrofe fu una delle peggiori che si ricordino, perché la città era famosa per le dimensioni e la bellezza delle sue costruzioni, e per le grandi somme di denaro lì accumulate, che non appartenevano soltanto ai cittadini ma anche agli stranieri[44]

Non vennero risparmiati neppure i templi, con l'unica eccezione del santuario *extra moenia* di Mefitis:

Si gettarono sulla città quarantamila uomini armati e un numero ancora più grande di inservienti e vivandieri, rotti a ogni libidine e crudeltà, scrive Tacito. *Non la dignità sociale, non l'età potevano impedire che si consumasse la violenta catena di stupri e assassinii, di assassinii e di stupri. Vecchi carichi d'anni e donne ormai anziane, preda inservibile, vengono trascinati attorno quali oggetto di scherno; se s'imbattono in una fiorente ragazza o in un giovane grazioso, li straziano, contendendoseli con mani rapaci, per finire in risse mortali fra loro. Nell'atto di arraffare denaro o di portarsi via i doni d'oro massiccio dei templi, il predatore viene massacrato da altri più forti di lui. Taluni, sdegnando la preda bene in vista, picchiano e torturano, per farsi rivelare i nascondigli dai padroni di casa, e dissotterrano freneticamente le ricchezze celate sotto la terra: hanno in mano fiaccole accese che, arraffato il bottino, si divertono a gettare nelle case svuotate e nei templi spogliati. E in un esercito di lingua e costumi tanto diversi, miscuglio di cittadini alleati e stranieri, dirompono le passioni più disparate e tutto a tutti è permesso, l'illecito non esiste. Per quattro giorni Cremona bastò a questi orrori. E mentre il fuoco inghiottiva ogni cosa, sacra e non sacra, rimase in piedi il solo tempio della dea Mefitis, che sorgeva davanti alle mura: lo difesero il luogo e la divinità.*[45]

Se, per tentare di giustificare quanto avvenuto e di scagionare i soldati romani dall'infamia della distruzione di Cremona- e che di riflesso macchiava l'immagine di Vespasiano, morto e assunto tra gli dei come *divus*- Tacito dà la colpa agli schiavi (*calones*) ed al personale non combattente al seguito delle legioni, Dione Cassio dal canto suo attribuisce la responsabilità del sacco di Cremona ai soldati di Vitellio, e riferisce come i saccheggiatori più avidi fossero proprio i Vitelliani, che conoscendo la città, sapevano dove erano le case più ricche, massacrando gli stessi civili che si erano battuti sulle mura al loro fianco:

▲ Stele funeraria di Marco Favonio Facile, centurione della XX legione Valeria Victrix, da Camalodunum (Colchester), 51-52 dC. Favonio Facile indossa un corazza probabilmente in lino (lymnothorax) e impugna il bastone di vite (vitis) simbolo dei centurioni. La XX legione partecipò con una vexillatio alla seconda battaglia di Bedriacum.

44   C. Dio, *Hist.Rom.*, LXIV, 15.
45   Tac. *Hist.* III, 32.

Non mostrarono scrupoli nel massacrare coloro che si erano battuti in loro difesa, ma colpivano e uccidevano come se si fosse trattato di chi li aveva combattuti ed ora era stato conquistato[46].

Antonio, per la vergogna di non essere riuscito ad impedire quanto accaduto, ossia la distruzione e il sacco di una città romana, e, peggio di ogni altra cosa, le violenze e la cattura come schiavi di cittadini romani, cosa questa inaudita e contraria allo *ius*, ordinò con un editto che nessuno tenesse prigioniero un abitante di Cremona. D'altra parte l'Italia intera, scrive Tacito, era d'accordo nel non comprare gli schiavi cremonesi, in quanto cittadini romani, quindi i soldati si misero ad ucciderli. Quando si seppe ciò, i parenti degli abitanti li riscattarono di nascosto, ed i superstiti tornarono a Cremona, della quale rimaneva il solo tempio di Mefitis, *solum Mefitis templum stetit ante moenia, loco seu numine defensum*[47], e grazie ai municipi vicini ed all'incoraggiamento di Vespasiano la ricostruirono, senza però che la città, per quanto florida, ritornasse mai all'importanza rivestita prima del sacco del 69.

Tacito scrive un accorato epitaffio per quella che era stata la prima colonia transpadana fondata da romani, nel maggio del 536° anno dalla fondazione di Roma[48]:

Questa fu la fine di Cremona a duecentottantasei anni dalle sue origini. La sua fondazione risale all'anno del consolato di Tiberio Sempronio e Publio Cornelio, al tempo dell'avanzata di Annibale in Italia; nacque come difesa contro i Galli stanziati oltre il Po o per contrastare ogni altra possibile invasione dalle Alpi. Crebbe poi fiorente per numero di coloni, per il comodo utilizzo dei fiumi, per la fertilità del suolo, per i matrimoni e le parentele con le popolazioni vicine, non toccata da guerre esterne ma sventurata nelle civili. Antonio, per vergogna di tanto male da lui consentito, di fronte al crescente malanimo, dispose che nessuno potesse tenere per prigioniero un Cremonese. D'altra parte il concorde rifiuto dell'Italia all'acquisto di prigionieri del genere rendeva tale preda inutile per i soldati. Cominciarono allora a ucciderli e, quando la cosa si riseppe, parenti e congiunti si diedero a riscattarli di nascosto. La popolazione superstite tornò poi a Cremona: piazze e templi furono ricostruiti grazie al generoso contributo delle città vicine e con l'incoraggiamento di Vespasiano[49].

L'eccidio l'incendio e il saccheggio durarono per quattro giorni[50].

La descrizione del saccheggio- *direptio*- di Cremona è la più dettagliata rappresentazione del sacco di una città che ci sia trasmessa dalla letteratura latina. Probabilmente ciò è dovuto sia al fatto che tanto Tacito che Dione scrissero in un epoca di *pax romana*, dunque per un pubblico non abituato alle crudeltà della guerra, al desiderio di sottolineare l'odiosità delle lotte fratricide, ma soprattutto all'inusuale violenza e crudeltà di cui diedero prova i legionari verso gli abitanti della città; ed anche l'incendio seguito al saccheggio non rientra nelle consuetudini belliche romane, tantomeno nei confronti di una città romana e non barbara, venendo semmai pianificato a posteriori, come nel caso, per citare l'esempio più celebre, di Cartagine. Cremona fu forse la vittima del peggiore e più spietato saccheggio mai compiuto da un esercito romano durante il periodo imperiale[51].

In seguito il terreno ammorbato dal sangue e dai cadaveri non permise di tenere il campo sulle rovine della città a lungo, quindi le truppe di Antonio si allontanarono di quattro miglia, radunarono i Vitelliani terrorizzati, li riordinarono sotto le proprie insegne ed inviarono le legioni sul *limes* danubiano, da dove provenivano le legioni vincitrici, per sostituirle ed arginare le incursioni dei Sarmati. Furono mandati messi in Britannia e nelle *Hispaniae*; un tribuno eduo ed un prefetto di coorte dei Treviri, entrambi vitelliani, furono inviati ad annunciare la vittoria di Vespasiano rispettivamente in Gallia

---

46   Dio Cass. *Hist. Rom.* LXIV, 15,
47   Su *Mefitis*, P. Romeo di Colloredo, in F. Stoppa et all. (curr.), *Geomitologia. Dei, uomini e natura tra geologia e storia*. Atti del convegno, Università degli Studi G. D'Annunzio di Chieti, 2010, pp. 152- 153. Il tempio si trovava probabilmente nei c.d. *Mosii*, luoghi paludosi e malsani formati dal fiume Mosio presso la confluenza nel Po (ibid).
48   218 a.C.
49   Tac. *Hist*. III, 32..
50   Francesco Robolotti, *Storia di Cremona e sua provincia*, Cremona 1859, p.389
51   Come scrive Alan Zilkowski nel suo saggio sul saccheggio nel mondo romano, *Yet there is a possibility that the sack of Cremona was unusual also in being singularly savage and bloody (...) One element of the sack- arson- was certainly not included in the normal range of direptio (...)* (Alan Ziolkowski, "Urbs direpta", in J. Rich- G. Shipley, *War and Society in the Roman World*, London- New York 1995, p. 72.)

ed in Germania. I valichi delle Alpi furono quindi presidiati, per timore che le truppe della Germania si muovessero in favore di Vitellio, il vecchio governatore da loro stesse proclamato imperatore nove mesi prima.

In definitiva la presa di Cremona, dove sei mesi prima era stata decretata l'ascesa al trono di Vitellio, permise a Vespasiano di divenire imperatore. In seguito Antonio, infatti, avanzò su Roma, dove prese prigioniero Vitellio, che fu giustiziato poco dopo.

I giorni dal 24 al 26 ottobre 69 costarono alle due parti molte vite umane: i Flaviani persero nella battaglia e nell'assedio di Cremona 4.500 uomini[52]; molto più pesante il bilancio delle perdite tra gli uomini di Vitellio, ben 30.200[53], mentre è sconosciuto il numero, elevatissimo, dei civili uccisi, cittadini cremonesi e mercanti massacrati durante il sacco della città: probabilmente almeno ventimila, come fa pensare la cifra di cinquantamila morti data da Cassio Dione, che comprende anche i trentamiladuecento caduti in combattimento di cui scrive Giuseppe Flavio.

Quando, durante gli scavi per il parcheggio sotterraneo di Piazza Marconi, venne rinvenuta la vasta e ricca *domus* romana poi denominata *Domus del Ninfeo*, forse appartenuta ad un personaggio di rango senatoriale, erano visibilissimi lo strato di bruciato ed i crolli che caratterizzarono la fine dell'edificio, che venne poi livellato: l'incendio del 69[54]. Nel corso degli scavi è stato individuato un deposito spesso da 1,50 a 2 m di macerie delle distruzioni della guerra civile del 69 d.C., portate da più punti della città nel momento della ricostruzione voluta da Vespasiano.

Nel corso della riedificazione della città, l'area dell'attuale Piazza Marconi fu colmata per riempire una depressione notevole (m 4-5 circa) sul lato est della piazza; si trattava di una zona piuttosto periferica, vicina all'antico corso del Po. Le macerie di età romana, che si trovano sopra uno strato evidentissimo di ceneri degli incendi, confermano la ricchezza testimoniata dagli storici antichi. L'individuazione dello strato di incendi e di macerie legato alla distruzione del 69 permette di assegnare una cronologia assoluta alla stratigrafia della Cremona romana, come è stato, ad esempio, per l'eruzione del Vesuvio del 79 d.C. per Pompei e le città dell'area vesuviana.

La strada per Roma era oramai aperta. Pochi mesi dopo, il 21 dicembre- Vitellio era morto il giorno prima, e il suo cadavere precipitato dalle *Scalae Gemoniae* sul Campidoglio, dove ancora bruciavano le rovine del tempio di Giove Capitolino- il Senato avrebbe acclamato Vespasiano imperatore. Iniziava la dinastia flavia, ed uno dei periodi più floridi della storia di Roma che sarebbe durato per oltre un secolo, sino alla morte violenta di Commodo nel 192, e che avrebbe visto l'impero romano raggiungere la massima espansione territoriale ed il maggior sviluppo politico, economico e culturale sotto grandi imperatori quali Tito, Traiano, Adriano, Antonino Pio e Marco Aurelio, per citare i maggiori.

La stessa città di Cremona fu, per volontà dello stesso Vespasiano, immediatamente ricostruita con l'aiuto delle varie città italiane. Gli scavi archeologici documentano l'erezione, sulle rovine del vecchio *municipium* raso al suolo, di raffinate residenze arredate con oggetti importati, anche di lusso; venne anche ricostruito e ampliato il porto fluviale sul Po, menzionato da numerose fonti antiche quale importante approdo e nodo di scambio di merci sino al V secolo dopo Cristo e alla conquista gotica. L'importanza strategica della città in età tardo imperiale è testimoniata dalla presenza a Cremona di una unità di cavalieri sarmati e da una fabbrica imperiale di scudi (*fabrica scutaria*).

Cremona subì una nuova distruzione nel 603, ad opera dei longobardi di Agilulfo, dalla quale si riprese lentamente solo a partire dal X secolo, alla vigilia della straordinaria fioritura medievale che vide la città lombarda diventare uno dei più ricchi e potenti comuni ghibellini dell'Italia settentrionale[55].

52 Jos. Flav., *Bell. Iud.*, IV,11, 3.
53 Giuseppe (IV, 11, 3) parla dell'uccisione dell'*intero esercito di Vitellio, trentamila e duecento uomini*, ma ciò è inesatto, perché i soli legionari erano 34.500, escludendo dal computo gli ausiliari, e, come detto, i prigionieri vennero reinquadrati e inviati sul Danubio; la cifra si deve riferire dunque ai soli caduti. Si tratta verosimilmente di un errore di un copista successivo che trascrisse come nominativo un genitivo, e il testo andrebbe inteso come *morirono, di tutto l'esercito di Vitellio, trentamila e duecento uomini*, che corrisponde al periodo seguente: *dei soldati della Mesia Antonio ne perse quattromila e cinquecento*.
54 L. Passi Pitcher, M. Volonté, "Cremona. I romani sul Po", Archeologia Viva 144, 2010,.., pp. 32 segg.
55 Ibid., p. 36

▲ Rilievo in marmo di un pretoriano, da Pozzuoli. Il militare è armato di lancia e gladio; nella mano sinistra regge uno scudo ovale rotondo (*parma*). Sopra la divisa indossa un mantello con cappuccio (*cucullus*). Sebbene il rilievo risalga ad età traianea è una raffigurazione accurata anche dei pretoriani in tenuta di servizio dei decenni precedenti (Berlino, Pergamonmuseum)

APPENDICE - LA SECONDA BATTAGLIA DI BEDRIACUM E L'ASSEDIO DI CREMONA NEL TESTO DEGLI AUTORI ANTICHI

TACITO (*HISTORIAE* III, 2, 14 SEGG).

III, 2, 14. (...) Per iniziativa della Quinta legione si mettono in piedi le statue di Vitellio e si incatena Cecina. Si scelgono come capi il legato della Quinta legione Fabio Fabullo e il prefetto del campo Cassio Longo.
Trucidano gli equipaggi di tre liburniche, del tutto ignari e senza colpa, casualmente capitati sulla loro strada. Lasciano il campo, tagliano il ponte e puntano di nuovo su Ostiglia e poi su Cremona, per congiungersi alla Prima legione Italica e alla Ventunesima Rapax, che Cecina aveva mandato avanti con una parte della cavalleria, a occupare Cremona.

15. Appena Antonio seppe di questi fatti, decise di affrontare gli eserciti nemici disorientati e divisi sul terreno, prima che i capi recuperassero l'autorità, i soldati la disciplina e le ricongiunte legioni la fiducia. Valutava infatti che Fabio Valente doveva essere già partito da Roma e che, alla notizia del tradimento di Cecina, avrebbe accelerato la marcia. Fabio era fedele a Vitellio, né mancava di talento militare. Destava timore anche la discesa di un forte contingente di Germani attraverso la Rezia. Inoltre Vitellio aveva richiamato rinforzi da Britannia, Gallia e Spagna; sarebbe stata un'immensa catastrofe, se Antonio, proprio per questo timore, non si fosse garantito prima la vittoria, anticipando i tempi della battaglia. Con tutto il suo esercito arrivò in due giorni da Verona a Bedriacum. Il giorno successivo, trattenute le legioni in lavori di fortificazione, invia le coorti ausiliarie nel territorio di Cremona, per addestrare le truppe, col pretesto di rifornirsi di viveri, a depredare la popolazione civile. E personalmente, alla testa di quattromila cavalieri, avanza fino a otto miglia da Bedriacum, per assicurarsi un saccheggio in maggior libertà. Gli esploratori, secondo il loro normale impiego, pattugliavano ancora più avanti.

16. Era circa l'ora quinta del giorno, quando una staffetta giunta al galoppo riferì che il nemico era nelle vicinanze: lo precedeva una piccola avanguardia, ma tutt'attorno s'udiva il rumore di movimenti di truppe.
Mentre Antonio prendeva le decisioni operative, Arrio Varo, impaziente di farsi valere, si lanciò alla carica coi cavalieri più combattivi e costrinse alla ritirata i Vitelliani, infliggendo loro perdite modeste, perché, per l'intervento di forze più consistenti, si rovesciarono le sorti, e adesso i più aggressivi nell'attacco erano gli ultimi nella fuga. A volere quell'attacco precipitoso non era stato Antonio, che si aspettava ciò che sarebbe accaduto. Esorta i suoi ad affrontare con coraggio lo scontro; distende sui lati gli squadroni, lasciando un varco al centro per raccogliervi Varo e i suoi cavalieri; dà l'allarme alle legioni e fa segnalare attraverso i campi che tutti, lasciata la preda, accorrano a combattere per la via più breve. Varo intanto, preso dal panico, riguadagna il grosso dei suoi, trasmettendo loro il proprio spavento. Illesi e feriti indietreggiano assieme, in affanno per la paura e l'angustia dei percorsi.

17. In quel momento di panico, Antonio assolse fino in fondo ai suoi doveri di risoluto comandante e valoroso soldato. Corre incontro a chi è in preda alla paura, trattiene chi sta per ripiegare, presente dove infuria lo scontro, dove c'è speranza di resistere, con il consiglio, con braccio e con la voce: non possono non vederlo i nemici, non ammirarlo i suoi. A tanto arrivò il suo ardimento: trapassa con l'asta un alfiere in fuga, gli strappa il vessillo e lo volge contro il nemico. Di fronte a tale gesto, un centinaio di cavalieri, non più, presi da vergogna, si fermano a resistere con lui: li aiutò il luogo, perché lì era più stretta via e spezzato il ponte sull'acqua di un canale che, di dubbio guado e
dalle rive scoscese, impediva la fuga. Necessità o fortuna che fosse, risollevò le sorti già compromesse dei suoi. Rafforzatisi in file serrate, aspettano i Vitelliani incautamente lanciati in disordinato assalto, che vengono ora messi in rotta. Son presi dal panico e Antonio li incalza, abbatte chi gli si fa incontro, mentre gli altri, secondo l'indole, spogliano i caduti, fanno prigionieri, si impossessano di armi e cavalli. E quanti ancora si sbandavano in fuga per i campi, richiamati dalle grida festose, si mescolavano alla vittoria.

18. A quattro miglia da Cremona si videro d'un tratto luccicare le insegne delle legioni Rapax e Italica, fin là attratte dal successo iniziale della loro cavalleria. Ma quando si rovesciò la fortuna, non aprirono spazi tra le file ad accogliere i loro in scompigliata fuga, non contrattaccarono un nemico sfiancato da sì gran tratto percorso combattendo all'attacco. Queste truppe, guidate dal caso, che nel successo non avevano sentito il bisogno di un capo che le guidasse, ora, nel momento della sconfitta, capivano di averne bisogno. La cavalleria vittoriosa carica le linee avversarie già scosse, e sopraggiunge il tribuno

Vipstano Messalla coi suoi ausiliari della Mesia e a ridosso molti legionari affiancati nella pur rapida corsa, sicché fanti e cavalieri insieme sfondarono le file delle due legioni ancora disposte in colonna. E le vicine mura di Cremona, se offrivano speranza di scampo, indebolivano la volontà di resistere. Antonio non forzò oltre: non poteva dimenticare quanta fatica e ferite avessero stremato cavalli e cavalieri in una lotta così a lungo incerta, nonostante il successo finale.

19. Quando giunse il grosso dell'esercito flaviano, calavano le ombre della sera. Come esso ebbe a passare sopra mucchi di cadaveri, in mezzo alle tracce ancora fresche della carneficina, immaginando che si trattasse di una vittoria decisiva, chiede di proseguire per Cremona, per ricevere la resa dei vinti o espugnare la città. Così parlavano di fronte agli altri, ed erano belle parole; ma ognuno, dentro di sé, ritiene possibile prendere d'assalto quella colonia distesa in mezzo alla pianura. In un attacco notturno - pensano - l'audacia richiesta è la stessa, ma la libertà di predare aumenta. Se invece aspettiamo il giorno, dovremo ascoltare parole di pace e preghiere, e, in cambio di fatiche e ferite, non otterremo altro che fama di clemenza e gloria, chiacchiere e basta, mentre le ricchezze cremonesi finiranno in tasca a prefetti e legati. Il bottino d'una città presa d'assalto spetta ai soldati, ai capi in caso di resa. Nessuno dà retta a centurioni e tribuni e, perché non se ne senta la voce, fanno rumore con le armi, decisi, qualora non vengano guidati contro Cremona, a sfidare gli ordini.

20. Allora Antonio si fece strada fra i manipoli e, imposto il silenzio con l'autorità della sua presenza, assicura che non intende togliere né gloria né premi a soldati che tanto se li son meritati, ma che i compiti dei comandanti e della truppa sono ben divisi: ai soldati si addice l'entusiasmo per la battaglia; tocca invece a chi comanda prevedere, decidere, saper aspettare, scelta questa spesso più utile dello slancio temerario. E come lui, facendo fino in fondo la sua parte, aveva contribuito alla vittoria con le armi in pugno, così ora intendeva aiutarli con la lucidità della ragione e con la prudenza, ciò che appunto si richiede a un comandante. Quanto alle difficoltà da fronteggiare, erano lampanti: la notte, l'assetto sconosciuto della città, la presenza del nemico all'interno e le condizioni ideali per agguati. Ma neanche a porte spalancate si doveva entrare, se non di giorno e dopo debita esplorazione. Non si dica di volere un attacco alla cieca, senza conoscere i punti di migliore accesso, l'altezza delle mura e senza sapere se organizzare l'attacco lanciando proiettili con le macchine in dotazione oppure con lavori di avvicinamento e scudi di protezione. Rivolto poi ai singoli, chiedeva se avessero con sé asce, scuri e l'attrezzatura occorrente per espugnare una città. E come quelli dicevano che no, continuava: «Perché, vi sono braccia che possono spezzare e far crollare le mura con spade e lance? Qualora sia necessario innalzare terrapieni e costruire parapetti e graticci, staremo lì con le mani in mano a guardare imbambolati come tanti sciocchi l'altezza dei torrioni e le difese altrui? Perché allora non aspettare una notte, far venire l'attrezzatura necessaria all'assedio e avere la forza e la vittoria?». E manda, seduta stante, a Bedriacum portatori e vivandieri, con la scorta della cavalleria, per recare provviste e il materiale richiesto.

21. Ma i soldati non volevano dargli retta e si stava sfiorando l'ammutinamento. Sennonché alcuni cavalieri, avanzatisi fin sotto le mura di Cremona, catturano qualche abitante rimasto fuori e da costoro si viene a sapere che sei legioni vitelliane e tutto l'esercito accampato a Hostilia quel giorno stesso aveva marciato per trenta miglia e che, dopo il rovescio subito dai loro, si preparavano a dar battaglia ed erano ormai vicini. Lo spavento aprì allora le menti, sorde, ai consigli del loro capo. Questi ordina alla Tredicesima legione di attestarsi proprio sull'argine della via Postumia e al suo fianco, sulla sinistra, in campo aperto, prende posizione la Settima Galbiana e poi la Settima Claudia, protetta da un fossato agricolo, già tracciato sul terreno; sul lato destro l'Ottava, lungo un sentiero su un tratto scoperto, e poi la Terza riparata da una barriera di arbusti. Questa la disposizione delle aquile e delle insegne dei vari reparti; ma i soldati, nel buio della notte, si distribuiscono a seconda di come li guidava la sorte. Il distaccamento dei pretoriani accanto alla Terza; i reparti di fanteria ausiliaria sulle ali; alle estremità e alle spalle la copertura della cavalleria. I principi suebii Sidone e Italico, col fior fiore della loro gente, stavano in prima fila.

22. Sull'altro fronte, l'esercito vitelliano, che, secondo i piani avrebbe dovuto riposarsi a Cremona e, ricuperate le forze col cibo e col sonno, avrebbe dovuto avventarsi l'indomani su un nemico spossato dal freddo e dalla fame, privo com'era di una guida e di una strategia d'attacco, va a cozzare, verso la terza ora della notte, contro i Flaviani già schierati e pronti a riceverli. Non saprei precisare con esattezza la disposizione di quell'esercito in disordine, nel buio, esagitato dall'ira, benché altri abbiano tramandato che la Quarta legione Macedonica costituisse l'ala destra, la Quinta e la Quindicesima, con contingenti della Nona, della Seconda e della Ventesima Britannica, formassero il centro, mentre la Sedicesima, la Ventiduesima e la Prima formassero l'ala sinistra. Gli uomini della Rapax e dell'Italica erano disseminati fra i vari manipoli; e reparti ausiliari si erano scelti da soli il proprio posto. Infuriò tutta la notte una battaglia varia, incerta, furibonda, con orribili perdite ora da una parte ora dall'altra. Vano il coraggio e il vigore, vano anche lo sguardo proteso a scrutare nel buio. Identiche le armi dei due eserciti, note le parole d'ordine per il continuo richiederle, in una confusione di insegne catturate al nemico e trascinate

▲ Rilievo della Cancelleria: apoteosi di Vespasiano divinizzato, accolto dalla Dea Roma e dal figlio Domiziano (regno di Domiziano). (Roma, Musei Vaticani).

di qua e di là da gruppi di soldati. La pressione maggiore la subiva la Settima legione, reclutata di recente da Galba. Caddero sei centurioni primi ordines; essa si vide strappare alcune insegne; l'aquila era riuscito a salvarla il centurione primus pilus Atilio Vero, in mezzo a una carneficina di nemici, tra i quali infine anch'egli cadde.

23. La linea stava per cedere, ma a sostegno Antonio inviò i pretoriani: si buttano nella mischia, respingono il nemico, ma poi sono a loro volta respinti. Infatti i Vitelliani avevano piazzato le loro macchine da lancio sull'argine della strada, per poter far partire i loro colpi da un terreno libero e scoperto, mentre prima si perdevano finendo contro gli alberi, senza danno per il nemico. Una ballista, gigantesca, della Quindicesima legione, scompaginava le file avversarie con pietre enormi. Sarebbe stata una strage se due soldati, passando inosservati, dopo aver sottratto due scudi ai cadaveri, non fossero riusciti con memorabile audacia a tagliare le corde e le cinghie della macchina. Furono uccisi sul posto e non se ne seppero i nomi, ma il fatto è certo. Non si profilava ancora per nessuno la vittoria, senonché a notte inoltrata, si levò la luna a illuminare le due schiere con la sua ingannevole luce. Favoriti i Flaviani, che l'avevano alle spalle: s'allungavano, per loro, le ombre di uomini e cavalli e, scambiando le ombre per corpi, il tiro nemico era troppo corto; i Vitelliani, investiti in pieno dalla luce, si offrivano scoperti a chi colpiva stando, per così dire, nascosto.

24. Ora che Antonio poteva distinguere i suoi ed essere da loro riconosciuto, gli uni infiammava con aspri richiami al senso dell'onore, molti con lodi e incoraggiamenti, tutti con promesse e speranze; e alle legioni di Pannonia chiedeva perché, dopo essere state vinte, avessero preso le armi: quelli erano i campi in cui potevano lavare la macchia del disonore e riconquistare la gloria. Poi, rivolto ai soldati della Mesia, li aizzava quali capi e promotori della guerra: inutilmente avevano sfidato i Vitelliani con parole minacciose, se non sapevano fronteggiare i loro colpi e la loro vista. Così, man mano che accostava i vari reparti; e più a lungo coi soldati della Terza, cui ricordava gesta antiche e recenti, quali agli ordini di Marco Antonio la disfatta dei Parti e sotto Corbulone la vittoria sugli Armeni e di recente sui Sarmati. Poi, sarcastico e aggressivo, rivolto ai pretoriani: «E voi, borghesi, se oggi non vincete, quale altro imperatore vi vorrà, quale altro accampamento vi accoglierà? Dall'altra parte stanno le vostre insegne e le vostre armi, dall'altra parte vi aspetta la morte, se sarete vinti; il disonore l'avere toccato fino in fondo!». Si leva da ogni parte un clamore immenso: i legionari della Terza, come d'uso in Siria, salutano il sole che sorge.

25. Si diffonde la voce, ma forse era un'ingegnosa trovata di Antonio, dell'arrivo di Muciano e che quello fosse il saluto scambiato fra i due eserciti. Avanzano i Flaviani, come moltiplicati da rinforzi appena giunti, mentre le linee dei Vitelliani perdono di compattezza, perché, lasciati senza una guida, serravano le file o le diradavano sotto l'unica spinta della combattività o della paura. Quando Antonio li sentì vicini a cedere, esercita una pressione a ranghi serrati e ne dissesta le linee. Queste si disgregano e aprono varchi non più colmabili, per l'intralcio dei carri e delle macchine da guerra. I vincitori si riversano lungo il tracciato stradale, in un precipitoso inseguimento. Significativo rilievo diede alla strage l'uccisione di un padre per mano del figlio. Ricorderò i fatti e i nomi come li riferisce Vipstano Messalla. Giulio Mansueto, originario della Spagna, appartenente alla legione Rapax, aveva lasciato a casa il figlio ancora bambino. Costui si fece grande, fu arruolato da Galba nella Settima legione; volle il caso che si trovasse di fronte il padre: lo colpisce, lo abbatte e, mentre lo spoglia, il morente è da lui riconosciuto e lo riconosce. Allora se lo stringe spirante fra le braccia e, in singhiozzi, supplicava i mani paterni che si lasciassero placare e lo rifiutassero come parricida. Quel delitto è di tutti: che parte poteva avere un solo soldato

nella guerra civile? Il figlio solleva il corpo, scava la fossa, rende al padre le estreme onoranze. Videro questo i più vicini, poi lo seppero tanti altri, e per tutto l'esercito si diffonde stupore, pena, esecrazione di una guerra come nessun'altra feroce. Senza sosta intanto trucidano, spogliano parenti, consanguinei, fratelli; dicono che è un delitto e intanto lo compiono.

26. Arrivati davanti a Cremona, si presenta loro un compito nuovo, smisurato. Nei giorni della guerra contro Otone, i soldati germanici avevano disposto il loro campo attorno alle mura della città, e attorno al campo, costruito un vallum, rafforzato poi con ulteriori difese. A tal vista si bloccò la corsa dei vincitori, non sapendo i capi che ordine dare. Iniziare un assalto con un esercito stremato dalle prolungate fatiche di un giorno e di una notte appariva arduo e, senza aiuti sotto mano, rischioso; tornare a Bedriacum, altra insostenibile fatica per la lunghezza del cammino, equivaleva a vanificare la vittoria; attendarsi lì e costruire delle difese campali, neanche questo, col nemico a portata di mano, dava garanzie di sicurezza, nel timore che, vedendoli sparsi al lavoro, potesse creare loro serie difficoltà con improvvisa sortita e disperderli. Ma più di tutto facevano paura i soldati stessi, insofferenti più all'indugio che al pericolo: detestano ogni misura di sicurezza e pongono la speranza nell'audacia; insomma: morti, ferite e sangue, tutto trovava compenso nell'avidità di preda.

27. A tale constatazione si piegò Antonio e ordinò di investire su tutti i lati il trinceramento nemico. Si iniziò con un lancio, a distanza, di frecce e di sassi, ma la peggio toccava ai Flaviani, perché i colpi contro di loro fiondavano dall'alto. Poi Antonio assegnò alle singole legioni un tratto di trinceramento e la porta inclusavi, per distinguere, con la divisione dei settori d'attacco, i valorosi dai vili e per spronarli con lo spirito d'emulazione. I legionari della Terza e della Settima presero il settore più vicino alla via per Bedriacum; il lato destro del vallum fu assegnato all'Ottava e alla Settima Claudia; per quelli della Tredicesima la zona d'attacco assegnata fu quella prospiciente la porta verso Brixia. Seguì un breve periodo d'attesa, per far arrivare dai campi zappe, scuri, falci e scale; poi, reggendo gli scudi sopra le teste, si fan sotto compatti, in formazione di testudo. Dalle due parti si impiega la stessa tecnica romana: rovesciano giù i Vitelliani pesanti massi; frugano con colpi di lancia e con pertiche dentro le aperture della testudo, sconnessa e ondeggiante, finché, rotta la compagine degli scudi, maciullano orribilmente gli attaccanti, lasciandoli al suolo dissanguati e laceri. La determinazione nell'assalto era ormai svanita, ma i comandanti, ai soldati stanchi e ormai incapaci di ascoltarne gli incitamenti, additano l'obiettivo, Cremona.

28. Che sia stata una trovata di Ormo, come vuole Messalla, o sia invece più attendibile Gaio Plinio, che ne addossa le responsabilità ad Antonio, è pressoché impossibile stabilirlo: certo che quel gesto, per quanto esecrabile, calza perfettamente con la fama e la vita di Antonio e di Ormo. Da quel momento né sangue né ferite più li frenano: scalzano il trinceramento, squassano le porte, issandosi sulle spalle uno dell'altro e salendo sulla ricomposta testudo, afferrano armi e braccia nemiche. Illesi e feriti, tramortiti e moribondi finiscono in uno stesso groviglio: soccombono in mille modi: la morte assume tutti gli aspetti.

29. Con impareggiabile asprezza combatterono le legioni Terza e Settima; e proprio lì Antonio, il comandante, con l'appoggio di reparti ausiliari scelti, aveva concentrato il suo sforzo. Non riuscendo i Vitelliani a fronteggiare la compatta determinatezza dei Flaviani, e scivolando via sulla testudo ciò che scaricavano contro di loro dall'alto, alla fine rovesciarono addosso agli assalitori anche la catapulta. La quale, se al momento frantumò e seppellì quelli su cui era piombata, trascinò nella sua rovina anche la merlatura e la sommità del trinceramento, mentre una torre contigua rovinava, demolita dal tiro delle pietre. I legionari della Settima premono in formazione di cuneo attraverso la breccia e intanto quelli della Terza sfondano la porta a colpi di scuri e di spade. Il primo a buttarsi all'interno, secondo la concorde testimonianza di tutti gli storici, fu Gaio Volusio, un soldato della Terza legione. Questi, giunto alla sommità del trinceramento, falciati via quanti ancora lì resistevano, ben visibile a tutti coi gesti e con la voce, gridò: «Il campo è preso!». E mentre i Vitelliani in rotta si precipitavano fuori del trinceramento, irruppero gli altri. Tutto lo spazio fra il campo e le mura non fu che un mucchio di cadaveri.

30. Ma ecco profilarsi un nuovo ostacolo: le ardue mura della città, le torri di pietra, la barriera di ferro delle porte, soldati che bersagliano dall'alto, il popolo numeroso di Cremona, fidatissimo a Vitellio, e una folla convenuta da gran parte d'Italia per il mercato ricorrente in quei giorni: massa di gente valida come aiuto per i difensori, ma stimolo agli attaccanti per l'attrattiva del bottino. Ordina Antonio di metter mano alle torce e di incendiare le più belle ville fuori porta, nella speranza che i Cremonesi, di fronte alla perdita dei loro beni, si risolvano a passare dalla sua parte. Riempie le costruzioni, poste a ridosso delle mura e loro sovrastanti in altezza, coi soldati più forti ed efficienti, i quali con travi, tegole e torce, gettano lo scompiglio tra i difensori.

31. Già i legionari si raggruppavano per formare le testuggini e altri lanciavano dardi e sassi, quando lo scoraggiamento cominciò a serpeggiare tra i Vitelliani. I primi a disperare furono proprio gli ufficiali, timorosi che, caduta anche Cremona, non ci fosse più spazio per il perdono e che l'ira del vincitore si riversasse non sulla povera massa dei soldati semplici, ma su tribuni e centurioni, dalla cui morte c'era da ricavar profitto. Resistono i gregari, incuranti del futuro e protetti dal loro

stesso anonimato; gli ufficiali, erranti per le strade o nascosti nelle case, non ancora chiedono pace, pur avendo già smesso di combattere. Quelli di grado più elevato, fanno sparire il nome e le insegne di Vitellio; tolgono le catene a Cecina, tuttora ai ferri, e lo pregano di intercedere per la loro causa. Quello rifiuta sprezzante, ed essi rinnovano le pressioni, piangendo. Tanti valorosi invocano l'aiuto di un traditore: è il fondo della vergogna. Poi fanno pendere dall'alto delle mura veli e bianche bende. Dopo l'ordine dato da Antonio di cessare le ostilità, portarono fuori le insegne e le aquile e seguiva tutta la triste colonna di soldati disarmati, lo sguardo fisso a terra. I vincitori, attorno, dapprima li insultano e alzano le mani, per colpirli. Ma al vedere che, senza reazione alcuna, subivano gli oltraggi e che, caduta ogni traccia di fierezza, tutto sopportavano i vinti, torna loro alla mente che sono quegli stessi che, vincitori poco prima a Bedriacum, avevano saputo contenersi nella vittoria. Ma quando Cecina, indossata solennemente la pretesta e circondato dai littori, che facevan largo tra la folla, comparve nel suo ruolo di console, esplose la rabbia dei vincitori; gli buttano in faccia la superbia, la ferocia (tanto odiosi sono i delitti) e anche il tradimento. Ma si frappose Antonio e lo inviò, sotto scorta, a Vespasiano.

32. Intanto il popolo di Cremona, stretto in mezzo a tanti armati, viveva un momento terribile: venne sfiorato il massacro, ma le preghiere dei capi placarono i soldati. Antonio convoca i soldati in assemblea e ha parole di esaltazione per i vincitori, di clemenza per i vinti, ma non si pronuncia ancora su Cremona. L'esercito, a parte l'insito desiderio di darsi al saccheggio, si accanì a volere la rovina degli abitanti di Cremona anche per un vecchio rancore contro di loro. Erano sospettati di aver aiutato le forze vitelliane anche durante la guerra di Otone; più tardi, con la petulanza tipica delle plebi cittadine, avevano pesantemente schernito i soldati della Tredicesima lasciati in città per la costruzione di un anfiteatro. Ad aggravare l'animosità dei vincitori, c'era stato lo spettacolo di gladiatori dato, sempre là, da Cecina e il fatto che là, di nuovo, si erano svolte le operazioni di guerra, che su quel campo di battaglia i Vitelliani avevano beneficiato del cibo offerto dai Cremonesi e che erano state uccise alcune donne spintesi, per passione di parte, nel pieno della battaglia; infine anche il periodo della fiera dava a quella colonia, già per suo conto ricca, un aspetto di ancor più grande opulenza. Gli altri comandanti restavano in ombra: la fortuna e la fama avevano concentrato su Antonio gli sguardi di tutti. Si affrettò a recarsi alle terme, per lavarsi dal sangue. Alle sue rimostranze che l'acqua era troppo poco calda, qualcuno rispose che il calore sarebbe venuto subito. Queste parole di uno schiavo fecero ricadere su Antonio l'odiosità di quanto accadde, come se egli avesse dato il segnale di incendiare Cremona, che del resto stava già bruciando.

33. Si buttarono sulla città quarantamila uomini armati e un numero ancora più grande di inservienti e vivandieri, rotti a ogni libidine e crudeltà. Non la dignità sociale, non l'età potevano impedire che si consumasse la violenta catena di stupri e assassinii, di assassinii e di stupri. Vecchi carichi d'anni e donne ormai anziane, preda inservibile, vengono trascinati attorno quali oggetto di scherno; se s'imbattono in una fiorente ragazza o in un giovane grazioso, li straziano, contendendoseli con mani rapaci, per finire in risse mortali fra loro. Nell'atto di arraffare denaro o di portarsi via i doni d'oro massiccio dei templi, il predatore viene massacrato da altri più forti di lui. Taluni, sdegnando la preda bene in vista, picchiano e torturano, per farsi rivelare i nascondigli dai padroni di casa, e dissotterrano freneticamente le ricchezze celate sotto la terra: hanno in mano fiaccole accese che, arraffato il bottino, si divertono a gettare nelle case svuotate e nei templi spogliati. E in un esercito di lingua e costumi tanto diversi, miscuglio di cittadini alleati e stranieri, dirompono le passioni più disparate e tutto a tutti è permesso, l'illecito non esiste. Per quattro giorni Cremona bastò a questi orrori. E mentre il fuoco inghiottiva ogni cosa, sacra e non sacra, rimase in piedi il solo tempio della dea Mefitis, che sorgeva davanti alle mura: lo difesero il luogo e la divinità.

34. Questa fu la fine di Cremona a duecentottantasei anni dalle sue origini. La sua fondazione risale all'anno del consolato di Tiberio Sempronio e Publio Cornelio, al tempo dell'avanzata di Annibale in Italia; nacque come difesa contro i Galli stanziati oltre il Po o per contrastare ogni altra possibile invasione dalle Alpi. stanziati oltre il Po o per contrastare ogni altra possibile invasione dalle Alpi. Crebbe poi fiorente per numero di coloni, per il comodo utilizzo dei fiumi, per la fertilità del suolo, per i matrimoni e le parentele con le popolazioni vicine, non toccata da guerre esterne ma sventurata nelle civili. Antonio, per vergogna di tanto male da lui consentito, di fronte al crescente malanimo, dispose che nessuno potesse tenere per prigioniero un Cremonese. D'altra parte il concorde rifiuto dell'Italia all'acquisto di prigionieri del genere rendeva tale preda inutile per i soldati. Cominciarono allora a ucciderli e, quando la cosa si riseppe, parenti e congiunti si diedero a riscattarli di nascosto. La popolazione superstite tornò poi a Cremona: piazze e templi furono ricostruiti grazie al generoso contributo delle città vicine e con l'incoraggiamento di Vespasiano.

35. Ma il terreno ammorbato dal marciume dei cadaveri non consentì una lunga sosta fra le macerie della città sepolta. I vincitori si portano a tre miglia dalla città e riordinano, ciascuno nel proprio reparto, i soldati vitelliani dispersi e impauriti. (...)

DIONE CASSIO, *HISTORIA ROMANA*, LXIV, 10-11

10 (...) [Aulo Cecina] Alieno raggiunse Cremona e occupò la città, ma vedendo che i propri soldati mancavano di esercizio a causa della vita lussuriosa a Roma, e ostacolati dalla mancanza di addestramento, mentre gli altri erano bene addestrati nel corpo e di morale elevato, si scoraggiò.

Più tardi, quando ricevette proposte amichevoli da Primo, adunati i soldati, e sottolineando la debolezza di Vitellio e la forza di Vespasiano, ed il carattere dei due uomini, li convinse a cambiare partito. Così in un primo momento rimossero le immagini di Vitellio dalle proprie insegne, e giurarono di voler essere governati da Vespasiano. Ma come fu sciolta l'adunata, tornati alle proprie tende, cambiarono improvvisamente idea, e subito radunatisi in gran fretta e con grande eccitazione, acclamarono nuovamente Vitellio imperatore, arrestarono Alieno per averlo tradito, senza mostrare rispetto per la sua dignità di console. Queste cose, infatti, sono tipiche delle guerre civili.

11. La grande confusione del campo di Vitellio dopo questi avvenimenti, fu ulteriormente aumentata, durante la notte, da una eclissi di luna. Non tanto per il fatto di essere oscurata- anche se questi fenomeni causano paura negli uomini eccitabili- quanto il fatto che apparve color sangue e nera, e ancora di altri orrendi colori. Non per questo gli uomini cambiarono idea o si scoraggiarono, ma quando avrebbero combattuto, lo avrebbero fatto più volentieri, benché, come ho detto, i Vitelliani fossero senza comandante, perché Alieno era stato imprigionato a Cremona.

Il giorno seguente, quando Primo, per mezzo di messaggeri, tentò di indurli a passare con lui, i soldati di Vitellio risposero invitandolo ad abbracciare la causa di Vitellio; ma quando fosse arrivato con i suoi soldati per combattere, loro l'avrebbero fatto volentieri.

La battaglia non fu frutto di un piano definito. Dapprima pochi cavalieri, come spesso avviene quando due eserciti si accampano l'uno di fronte all'altro, attaccarono i foraggeri nemici, quindi rinforzi vennero ad entrambe le parti dai due eserciti, quando si resero conto di quanto avveniva, prima da una parte, poi dall'altra, ora di un tipo, ora di un altro, fanteria e cavalleria, e la lotta fu segnata dalle solite vicissitudini, finché tutti non si precipitarono a combattere.

[Le truppe di Vitellio] si schierarono in qualche modo in formazione regolare, come se fosse stato dato il segnale, e avanzarono in battaglia con ordine, anche se senza un comandante, perché Alieno era stato imprigionato a Cremona.

12. Da questo momento in avanti la battaglia fu una lotta ben combattuta e bilanciata, non solo durante il giorno, ma anche durante la notte. Nemmeno il calar della notte li separò, da quanto erano furiosi e determinati, sebbene a difficoltà si riconoscessero l'un l'altro dandosi la voce. Quindi non la fame, non la fatica, non l'oscurità, non i resti di chi era morto prima su quel campo, non la memoria del disastro, non il numero di chi era morto per nulla mitigarono la loro ferocia. Tale era la follia che possedeva entrambe le parti, e così erano ardenti, spronati dalle memorie del luogo, che rendeva una parte risoluta a vincere anche questa volta, e l'altra a non esser vinta di nuovo. Combattevano come contro stranieri, e non contro consanguinei; e entrambe le parti combattevano come se avessero giurato di vincere o di essere schiavi. Quindi neppure quando scese la notte, come ho detto, essi esitarono, ma, stanchi, spesso si riposavano e parlavano tra di loro, e tuttavia continuavano a battersi.

13. Ogni volta che la luna si affacciava dalle nuvole, che passavano davanti ad essa oscurandola, si sarebbero potuti vedere a volte combattere, a volte in piedi appoggiarsi alla lancia, a volte seduti per terra. Ora gridavano tutti insieme da una parte il nome di Vespasiano, mentre l'altra quello di Vitellio, e si sfidavano ogni volta, con insulti o lodi all'indirizzo di ciascun capo e dell'altro. Un soldato ebbe un dialogo con un avversario: "Commilitone, concittadino, cosa stiamo facendo? Perché combattiamo? Vieni dalla mia parte" "No, vieni tu dalla mia!". E chi si meraviglierebbe che, quando le donne di Cremona vennero a portare cibo e bevande ai soldati di Vitellio questi, dopo aver mangiato e bevuto, li passarono ai loro avversari? Uno di loro avrebbe potuto chiamare per nome l'avversario- si conoscevano praticamente tutti l'un con l'altro- e dire: "Commilitone, prendi e mangia, non ti do una spada, ma pane. Prendi e bevi, non ti do uno scudo, ma una coppa. Così, se tu mi ucciderai, o io ucciderò te, lasceremo la vita sazi, e la mano che colpirà non sarà debole e senza nerbo, che sia tu a colpirmi, o io a colpire te. Queste sono le offerte di cibo che Vitellio e Vespasiano ci offrono mentre siamo ancora vivi, in attesa che ci possano offrire un offerta funebre quando ci saremo scannati". Questo sarebbe potuto essere il loro dialogo, dopo che avevano riposato un poco, e di nuovo ricominciare a battersi. E presto si fermavano di nuovo, e poi ricominciavano.

14. Le cose andarono avanti così tutta la notte finché non spuntò l'alba. A questo punto due uomini di Vespasiano compirono un'impresa notevole. Il loro lato era stato molto danneggiato da una ballista e questi due, prendendo due scudi dalle spoglie dei caduti vitelliani, si mischiarono al nemico, e raggiunsero la ballista come se appartenessero a quella parte. E così si

diedero a tagliare le corde, perché non potesse tirare altri proiettili. Mentre il sole stava sorgendo, i soldati della Terza legione, detta Gallica, che aveva svernato in Siria e che ora si trovava per caso dalla parte di Vespasiano, improvvisamente lo salutò come era suo costume; ma i seguaci di Vitellio, pensando che Muciano fosse arrivato, cambiarono atteggiamento e furono presi dal panico udendo l'urlo, cominciando a fuggire. Così le cose più insignificanti possono produrre il più grande allarme in uomini già esausti. Si ritirarono entro le mura [di Cremona] da dove levarono in alto le mani e si misero a supplicare. Visto che nessuno li ascoltava, liberarono il console, e lo vestirono con la toga praetexta, e lo inviarono perché intercedesse per loro. Così ottennero una tregua, perché Alieno, per il suo rango e la sua condizione, persuase facilmente Primo ad accettare la loro offerta di resa.

15. Quando, però, vennero aperte le porte e i soldati lasciati andare, questi immediatamente presero a sciamare in tutte le direzioni e cominciarono a saccheggiare e ad appiccare il fuoco ad ogni cosa. Questa catastrofe fu una delle peggiori che si ricordino, perché la città era famosa per le dimensioni e la bellezza delle sue costruzioni, e per le grandi somme di denaro lì accumulate, che non appartenevano soltanto ai cittadini ma anche agli stranieri. Molto del danno fu opera dei Vitelliani, perché conoscevano con esattezza dov'erano le case dei più ricchi e dov'erano i passaggi che davano sulle strade laterali. Non mostrarono scrupoli nel massacrare coloro che si erano battuti in loro difesa, ma colpivano e uccidevano come se si fosse trattato di chi li aveva combattuti ed ora era stato conquistato. Così, compresi i morti della battaglia, in totale perirono cinquantamila persone.

▲ Particolare del ritratto di Vespasiano dal Rilievo della Cancelleria (Roma, Musei Vaticani).

GIUSEPPE FLAVIO, *BELLUM IUDAICUM* IV,11

11, 1. *Vespasiano, dopo aver congedato le ambascerie e affidato i comandi nelle province tenendo conto della giustizia e dei meriti, si trasferì in Antiochia. Qui tenne consiglio sulla via da seguire, e riconobbe che più importante che intraprendere un viaggio ad Alessandria era arrivare a Roma, perché la prima era ormai al sicuro, mentre la seconda era soggetta alle angherie di Vitellio. Perciò, affidandogli una cospicua forza di cavalieri e fanti, inviò in Italia Muciano, che non volle affrontare il mare nel cuore dell'inverno e condusse a piedi l'esercito attraverso la Cappadocia e la Frigia.*

11,2. *Nel frattempo, anche Antonio Primo alla testa della Terza legione di stanza nella Mesia, di cui egli era allora governatore[1], si era messo in moto per affrontare Vitellio. Questi spedì contro di lui Cecina Alieno, in cui aveva grande fiducia dopo la vittoria riportata su Otone. Cecina, risalendo velocemente da Roma, raggiunse Antonio presso Cremona nella Gallia [Cisalpina], una città che è sui confini dell'Italia. Ivi, allo spettacolo della moltitudine e della disciplina dei nemici, non ebbe più il coraggio di attaccar battaglia, e, giudicando pericolosa una ritirata, meditò il tradimento. Raccolti i centurioni e i tribuni che erano ai suoi ordini, li istigò a passare dalla parte di Antonio rimpicciolendo la forza di Vitellio ed esagerando quella di Vespasiano; diceva che uno aveva solo il titolo d'imperatore, mentre l'altro ne aveva la potenza, che per loro era meglio fare di necessità virtù, e prima di subire una disastrosa confitta, schivare il pericolo con una mossa accorta. Vespasiano poteva raggiungere i suoi restanti obbiettivi anche senza di loro, mentre Vitellio anche col loro aiuto non era più in grado di conservare la sua posizione.*

11,3. *Con questi e con altri ragionamenti riuscì a convincerli e passò con l'esercito dalla parte di Antonio. Ma la notte stessa i suoi soldati ebbero un pentimento, presi anche dal terrore al pensiero che Vitellio potesse alla fine risultare vincitore, e, sguainate le spade si scagliarono su Cecina; lo avrebbero ucciso, se i tribuni non si fossero gettati ai loro piedi implorandoli. Decisero allora di non ucciderlo, ma incatenarono il traditore preparandosi a rimandarlo a Vitellio. Primo però, informato della cosa, immediatamente radunò i suoi e li guidò in armi contro i ribelli, che dopo una breve resistenza furono travolti e presero la fuga verso Cremona. Primo con la cavalleria barrò le vie d'accesso alla città e la più gran parte li accerchiò e uccise davanti alla città; inseguendo i superstiti penetrò anch'egli nella città abbandonandola al saccheggio dei suoi soldati. Morirono allora molti mercanti forestieri e molti abitanti, nonché di tutto l'esercito di Vitellio trentamila e duecento uomini. Dei soldati della Mesia Antonio ne perdette quattromila e cinquecento. Liberato Cecina, egli lo mandò da Vespasiano a riferirgli i fatti e quello, con le accoglienze ricevute all'arrivo, ricoprì l'onta del tradimento sotto gli insperati onori.*

---

1 In realtà Antonio era legato della VII legione *Galbiana*.

CRONOLOGIA

68 D.C.

Aprile - Galba, governatore dell'*Hispania Tarraconensis*, e Vindice, governatore della *Gallia Lugdunensis* si ribellano contro Nerone.
Maggio - Le legioni del Reno sconfiggono e uccidono Vindice in Gallia.
Giugno - Nerone viene dichiarato nemico pubblico (*hostis*) dal Senato (8 Giugno) e si suicida (9 Giugno); Galba è riconosciuto imperatore dal Senato.
Novembre - Vitellio nominato da Galba governatore della *Germania Inferior*.

69 D.C.

1 Gennaio - Le legioni del Reno rifiutano di giurare fedeltà a Galba.
2 Gennaio - Vitellio acclamato imperatore dalle legioni renane.
15 Gennaio - Galba assassinato dai pretoriani; lo stesso giorno il Senato riconosce Otone imperatore.
Aprile- Assedio di *Placentia*, difesa da Vestricio Spurinna, da parte dei Vitelliani comandati da Aulo Cecina Alieno.
Otone arriva a *Brixellum*.
Battaglia di *Ad Castores*, presso Cremona: le truppe di Otone sventano un'imboscata tesa dai Vitelliani.
14 Aprile - Vitellio sconfigge Otone nella prima battaglia di *Bedriacum*.
16 Aprile - Otone si suicida;
17 Aprile- Vitellio viene riconosciuto imperatore.
Marco Vettio Bolano diventa procuratore della Britannia e deve affrontare la seconda rivolta dei *Brigantes* guidati da Venutio
1 Luglio - Vespasiano, comandante dell'esercito di Giudea, viene proclamato imperatore dalle legioni d'Egitto, comandate da Tiberio Giulio Alessandro. L. Muciano, governatore di Siria, si mette in marcia verso l'Ellesponto con le truppe flaviane.
Agosto - Le legioni danubiane, comandate da Marco Antonio Primo, riconoscono imperatore Vespasiano (in Siria) e, su suo comando, invadono l'Italia a settembre.
Inizio della rivolta dei Batavi in Germania, guidati da Gaio Giulio Civile. I rivoltosi distruggono i forti di *Fectum* e *Traiectum* (Utrecht) e attaccano *Mogontiacum*; nella *Gallia Belgica* la *cohors* II *Tungrorum* si rivolta contro Roma.
Le legioni della Mesia e della Rezia comandate da Muciano si schierano con Vespasiano.
22 Ottobre- Aulo Cecina Alieno viene arrestato a Cremona dai suoi legionari per aver tentato di passare a Vespasiano. I militari eleggono comandanti il legato della V legione *Alaude* Fabio Fabullo ed il *praefectus castrorum* Cassio Longo.
24/25 Ottobre - L'esercito del Danubio agli ordini di Marco Antonio Primo sconfigge l'esercito di Vitellio alla seconda battaglia di *Bedriacum*.
25- 29 Ottobre- Cremona viene assediata e saccheggiata dalle truppe di Vespasiano.
Ottobre- Novembre. Le truppe di Vespasiano marciano verso Roma.
20 Dicembre - Le truppe di Vespasiano entrano a Roma.
Nel Castro Pretorio dura battaglia tra i pretoriani di Vitellio e i legionari di Vespasiano già appartenenti alle coorti pretorie di Otone. Incendio del tempio di Giove Capitolino. Vitellio assassinato dai soldati nel palazzo imperiale sul Palatino.
21 Dicembre - Vespasiano viene riconosciuto imperatore dal Senato.

GLOSSARIO DEI TERMINI LATINI USATI NEL TESTO

Dei termini latini viene riportato anche il nominativo plurale.

Agger, aggeres   bastione di terra usato per le opere di difesa

Ala, alae   Unità di cavalleria, *quingenaria* (500 uomini) o *milliaria* (dalla metà del I sec.d.C., 1000 uomini), suddivisa in *turmae* di 40 uomini. L'ala aveva come insegna il *vexillum*.

Aquila, aquilae insegna della legione, custodita nel sacello e ritenuta sacra, in quanto incarnazione del *Genium Legionis*.

Aquilifer, aquiliferi sottufficiali che portavano l'*aquila* in battaglia; erano anche responsabili delle paghe e dell'erario della legione.

Auxilia (plur.) truppe ausiliarie cui veniva concessa la cittadinanza romana dopo 25 anni di servizio.

Ballista, ballistae, macchina per il lancio di dardi usata sul campo o durante gli assedi.

Castrum, castra   accampamento, stabile o meno, della legione.

Catapulta, catapultae macchina per lanciare pietre durante gli assedi.

Centuria, centuriae unità basica della legione, formata da circa ottanta uomini.

Centurio, centuriones ufficiale inferiore al comando della centuria. Ogni legione ne aveva cinquantanove; quelli della I coorte erano detti *primi ordines*. Ogni coorte dalla seconda alla decima aveva sei centurioni, che riprendevano la tradizionale suddivisione in *hastati*, *principes* e *triarii* (detti ora *pilii*) degli eserciti repubblicani: in ordine gerarchico crescente, *hastatus posterior*, *hastatus prior*, *princeps posterior*, *princeps prior*, *pilus posterior*, *pilus prior*. I centurioni della prima coorte erano superiori di grado a quelli delle altre centurie; erano detti *primi ordines* ed erano, in ordine gerarchico crescente, *primus hastatus posterior*, *primus princeps posterior*, *primus hastatus*, *primus princeps*, *primus pilus* (v.). Quest'ultimo era il centurione più alto in grado della legione.

Cohors, cohortes   coorte, decima parte della legione, composta da 400- 500 uomini, ad eccezione della I coorte, che dal I secolo comprendeva ottocento uomini. Le coorti ausiliare potevano essere *milliariae*, formate da mille uomini.

Cohors equitata, cohortes equitates unità mista di fanteria e cavalleria, formata da ausiliari.

Cohortes praetoriae coorti pretoriane, quinquagenarie. Nel 69 erano dodici, per un totale di seimila uomini. Sciolte da Vitellio, che le sostituì con 16.000 uomini del proprio esercito, l'equivalente di tre legioni.

Cohortes urbanae   coorti preposte alla sicurezza di Roma al comando del *praefectus Urbi*. Nel I secolo erano tre, composte da mille uomini ciascuna.

Decurio, decuriones sottufficiale di cavalleria, comandante una *turma*.

Diverticulum, diverticuli strada secondaria che partiva da una via principale.

Dolabra, dolabrae ascia- piccone, parte essenziale dell'equipaggiamento del soldato romano, usata per i lavori campali e, in casi estremi, come arma.

Eques, equites soldato a cavallo o membro della classe equestre.

Explorator, exploratores cavalieri utilizzati con compiti di ricognizione.

Fossa, fossae fossato.

Genium Legionis   divinità protettrice della legione.

Imago, imagines insegna con il ritratto dell'imperatore, usata dalle coorti ausiliarie.
Imaginifer, imaginiferi sottufficiali che portavano in battaglia l'*imago*.
Legatus, legati comandante della legione e governatore delle province, di rango senatorio per le province senatorie, equestre per quelle imperiali.
Limes, limites (lett. *bastione*) confine fortificato e presidiato in permanenza.
Milliarium di mille uomini.
Municipium città governata con leggi proprie i cui abitanti godevano della cittadinanza romana.
Onager, onagri macchina da assedio atta a lanciare sassi.
Optio, optiones (lett. *scelto*) sottufficiale d'aiuto al centurione.
Praefecuts, praefecti ufficiale al comando di un reparto di ausiliari o di alleati.
Praefecuts castrorum, ufficiale responsabile del campo, secondo in grado solo al legato.
Praefecuts praetorio prefetto del pretorio, funzionario di rango equestre, comandante la guardia pretoriana. Responsabile dell'ordine pubblico e della sicurezza personale dell'imperatore.
Primi ordines centurioni della I coorte (v. *centurio, centuriones*).
Priumus pilus primipilo, il centurione di grado più elevato della legione, comandante la I coorte.
Principalis, principales sottufficiale di rango inferiore al centurione.
Quingenarium di cinquecento uomini.
Sacramentum giuramento militare. Come dice il nome, aveva un carattere di impegno sacro davanti agli dei e al *Genium Legionis*.
Scorpio, scorpiones ballista leggera, di uso tattico.
Signifer, signiferi il sottufficiale incaricato di portare il *signum*.
Signum, signa insegna della centuria e della *turma* di cavalleria.
Speculator, speculatores soldati di cavalleria utilizzati come esploratori, messaggeri, informatori e guardie del corpo.
Tessera, tesserae la tavoletta lignea su cui era scritta la parola d'ordine.
Tesserarius, tesserarii ufficiale di guardia, responsabile della parola d'ordine.
Testudo, testudines (lett. *testuggine*) formazione in ordine chiuso, con i soldati che avanzavano tenendo gli scudi sollevati sopra la testa come il guscio di una tartaruga.
Tribunus, tribuni Ufficiali superiori della legione, uno (*t. laticlavius*) di estrazione senatoria, terzo in grado dopo il legato e il *prefectus castrorum*, e cinque (*t. angusticlavii*) di rango equestre.
Turma, turmae unità di cavalleria al comando di un *decurio*, composta di trenta- quaranta uomini. Ogni ala aveva come insegna un *signum*.
Vallum, valli recinzione del *castrum*.
Vexillatio, vexillationes unità di mille uomini distaccata da una legione per compiti operativi, così chiamata perché aveva un *vexillum* come insegna.
Vexillifer, vexilliferi sottufficiali che portavano il vexillum.
Vexillum, vexilla Stendardo, solitamente di stoffa, usata dalle coorti, dalle *alae* e dalle *vexillationes*.
Via Praetoria la via che attraversava il *castrum* in direzione longitudinale.
Via Principalis la via che attraversava il *castrum* in direzione orizzontale. La via secondaria parallela alla *v. Principalis* era detta *v. Quintana*.
Vicus, vici, piccolo villaggio di campagna.

BIBLIOGRAFIA

Publio Cornelio Tacito, *Historiae*, libb. II- III.
Caio Svetonio Tranquillo, *De Vita Caesarum* (*Vita Neronis, Galbae, Othonis, Vitellii, d. Vespasiani*).
Dione Cassio Cocceiano, *Historia Romana*, lib. LXIV, 11-15.
Giuseppe Flavio, *Bellum Iudaicum*, lib. IV, 11
Flavio Renato Vegezio, *Epitoma Rei Militaris*.
L. Astegiano, "*L'iscrizione romana*", Interessi cremonesi, 23 aprile 1887.
P. Barker, *Armies and Enemies of Imperial Rome, 150 BC to 600 AD*, Worthing 1972.
D. Baatz, "*Ein Katapult der Legio IV Macedonica aus Cremona*", in Romisches Mitteilungen, 87 (1980).
D. Baatz, *Bauten und Katapulte des römischen Heeres*, Stuttgart 1994.
P. Bidwell, *Portae cum turribus: Studies of Roman Fort Gates*, Oxford 1988.
S. Bingham, *The Praetorian Guard. A History of Rome's Elite Forces*, London- New York 2013.
M.C Bishop, J.C.N Coulston,. *Roman Military Equipment*, London 1993.
G. Breccia, *I figli di Marte. L'arte della guerra nell'antica Roma*, Milano 2012.
G. Brizzi, *Il guerriero, l'oplita, il legionario. Gli eserciti del mondo classico*, Bologna 2002.
G. Cascarino, *L'Esercito Romano. Armamento e organizzazione. II Da Augusto ai Severi*, Rimini 2008.
D. B. Campbell, *The Roman Army 31BC- AD 337: a Sourcebook*, London 1996.
D. B. Campbell, *Siege Warfare in the Roman World*, Oxford 2005.
D. B. Campbell, "*Eagles, Flags and little Boars. The Cult of the Standards in the Roman Army*", Ancient Warfare III, 6.
P. Connolly, *The Roman Army*, London 1975 (tr.it. Milano 1976).
P. Connolly, *Greece and Rome at War*, London 1981.
P. Connelly, *The Legionary*, Oxford 1988.
R. Cowan, *Roman Legionary 58 BC- AD 69*, Oxford 2003.
R. Cowan, *Roman Legionary AD 69- 161*, Oxford 2013.
R. Cowan, *Roman Guardsman 62 BC- AD 324*, Oxford 2014.
R. D'Amato, *Roman Centurions 31 BC- AD 500. The Classical and Late Empire*, Oxford 2012.
N. De Grassi, *Cremona*, in AAVV Enciclopedia dell'Arte Antica, Classica e Orientale, Roma 1959.
S. Dando- Collins, *Legions of Rome. The Definitive History of every Imperial Roman Legion*, London 2010.
K. R. Dixon, P. Southern, *The Roman Cavalry* , London 1992.
M. Durry, *Les cohortes pretoriennes*, Paris 1938.
N. Fields, *AD69: Emperors, Armies and Anarchy*, London 2014.
A. Frediani, *Le grandi battaglie di Roma antica. Dalle guerre sannitiche alle invasioni barbariche, i combattimenti e gli scontri che hanno avuto per protagonista la Città eterna*, Roma 2002.
E. Gabba, *Per la storia dell'esercito romano in età imperiale*, Bologna 1974.
A. Garzetti, *L'Impero da Tiberio agli Antonini*, Bologna 1960.
J. Gerstenecker, *Der Krieg des Otho und Vitellius in Italien im J. 69*, Munich 1882.
A. K. Goldsworthy, *The Roman Army at War, 100 B.C.-A.D. 200* , Oxford 1997.
A.K. Goldsworthy, *Roman Warfare*, London- New York 1999.
A.K. Goldsworthy, *The Complete Roman Army*, London 2003.
A. K. Goldsworthy, *In the Name of Rome: the Men Who Won the Roman Empire*, London 2003.
M. Grant, *The Army of the Caesars* , New York 1974.
M. Grant, *The Roman Emperors. A Biographycal Guide to the Rulers of Imperial Rome, 31 BC- AD 476*, London 1985 (tr.it. Roma 1993).

F. Guidi, *Il mestiere delle armi. Le forze armate dell'antica Roma*, Milano 2011.
U. Gualazzini, *La seconda battaglia betriacense e la distruzione di Cremona (autunno 69 d. C.)*, Cremona 1972.
B. W. Henderson, *Civil War and Rebellion in the Roman Empire*, Cambridge 1927,
A. Hyland, *Equus: The Horse in the Roman World*, London 1990.
A. Hyland, *Training the Roman Cavalry: From Arrian's Tactica*, London 1993 .
M.Junkelmann, *Equites Alae*, Stuttgart 1989.
M. Junkelmann, *Die Reiter Roms I-III J.*, Mainz 1991-1992.
M.Junkelmann, *Reiter wie Statuen aus Erz*, Mainz 1996.
P.B. Kern, *Ancient Siege Warfare*, Bloomington 1999.
Y. Le Bohec, *L'armée romaine sous le Haute-Empire*, Paris 1989 (tr.it. Roma 1992)
B. Levick, *Vespasian*, London- New York 1999.
E. W. Marsden, *Greek and Roman Artillery: Historical Development*, Oxford 1971.
C. Mc Nab, *The Roman Army*, Oxford 2010.
M.C.J. Miller, et all. *The fortification of the Roman Camp*, Chicago1994.
E. Nischer, "*Die Schlacht bei Cremona*", in Klio, XX (1927)
A. R. Menéndez- Arguìn, *Pretorianos. La Guardia imperial de l'antigua Roma*, Madrid 2006.
G. Niccolini, *La prima battaglia di Bedriaco e la foce dell'Adda*, in Rendiconti dell'Accademia dei Lincei, XV (1906).
M. Pani, *Il principato dai Flavi ad Adriano*, in AA.VV., Storia di Roma, vol. II, tomo 2, Torino 1990.
H.M.D. Parker, *The Roman Legions*, Cambridge 1958.
L. Paul, *Kaiser Marcus Salvius Otho*, in Rh. Museum, LVII (1902)
A. Passerini, *Le Coorti Pretorie*, Roma 1969.
J. Peddie, *The Roman War Machine* , London 1994.
L. Passi Pitcher, M. Volonté, "*Cremona. I romani sul Po*", Archeologia Viva 144, 2010, pp. 32 segg.
B. Rankov, *The Praetorian Guard*, Oxford 1994.
F.Robolotti, *Storia di Cremona e sua provincia*, Cremona 1859.
P. Romeo di Colloredo, *Il trionfo di Vespasiano. Cremona 24 ottobre 69 d.C.*, Roma 2015.
F. Russo, F. Russo, *Tormenta navalia. Le artiglierie navali romane*, supplemento alla Rivista Marittima 6, giugno 2007.
J. Russell, R. Cohn, *Battle of Bedriacum*, New York, 2012.
G. Sumner, *Roman Army: Wars of the Empire*, London 1997.
D.B. Saddington, *The development of the Roman auxiliary forces from Caesar to Vespasian 49 BC - AD 79*. Harare 1982.
M. Scardigli, *La lancia, il gladio, il cavallo. Uomini, armi e idee nelle battaglie dell'Italia antica*, Milano 2010.
R. M. Sheldon, *Intelligence Activities in Ancient Rome*, London- New York 2008 (tr. it. Gorizia 2010).
M.P Speidel, *Guards of the Roman Army*, Bonn 1978.
M.P. Speidel, *Die Denkmäler der Kaiserreiter*, Bonn 1993.
M.P. Speidel, *Riding for Caesar. The Roman Emperors' Horse Guard*, London 1993.
H.D. Stöver, *Die Prätorianer*, Munich 1994.
A.J.M. Visser, *Romeins soldaat*, Gorinchem 1981.
L. Valmaggi, "*Del luogo della così detta prima battaglia di Bedriaco*", in Atti dell'Accademia Scienze di Torino, XXXI (1896).
L. Valmaggi, "*Sulla campagna flavio- vitelliana del 69*", Klio, IX (1909).
G.R. Watson, *The Roman Soldier*, New York 1969.
G. Webster, *The Roman Imperial Army*, 3 ed. Totowa, NJ, 1985.
L. Zerbini, *Storia dell'esercito romano*, Bologna 2014.
A. Ziolkowski, *Urbs direpta*, in J. Rich- G. Shipley, War and Society in the Roman World, London- New York 1995..

TITOLI PUBBLICATI - ALREADY PUBLISHING

WWW.SOLDIERSHOP.COM   WWW.BOOKMOON.COM